MIMI FIEDLER

SIE DÜRFEN DEN FROSCH JETZT KÜSSEN

Traumhochzeit mit Hindernissen

Besuchen Sie uns im Internet:
www.knaur.de

Aus Verantwortung für die Umwelt hat sich die Verlagsgruppe
Droemer Knaur zu einer nachhaltigen Buchproduktion verpflichtet.
Der bewusste Umgang mit unseren Ressourcen, der Schutz unseres
Klimas und der Natur gehören zu unseren obersten Unternehmenszielen.
Gemeinsam mit unseren Partnern und Lieferanten setzen wir uns für
eine klimaneutrale Buchproduktion ein, die den Erwerb von
Klimazertifikaten zur Kompensation des CO_2-Ausstoßes einschließt.
Weitere Informationen finden Sie unter: www.klimaneutralerverlag.de

Originalausgabe | Ungekürzte Ausgabe März 2021
Knaur Taschenbuch
© Knaur Verlag
Ein Imprint der Verlagsgruppe
Droemer Knaur GmbH & Co. KG, München
Alle Rechte vorbehalten. Das Werk darf – auch teilweise – nur mit
Genehmigung des Verlags wiedergegeben werden.
Redaktion: Harriet Dreier
Lektorat: Carolin Schreiber
Covergestaltung: Isabella Materne
Coverabbildung: Marius Engels
Satz: Adobe InDesign im Verlag
Druck und Bindung: CPI books GmbH, Leck
ISBN 978-3-426-79120-2

2   4   5   3   1

Für dich, Christina.
Danke, dass du mir Anne geschickt hast.

Für meine Soulmum Daniela.

Für alle, die wissen,
dass das Wunder der wahren Liebe existiert.

Und für alle, die es vergessen haben
und sich daran erinnern möchten.

Und für die besten vier Buchstaben meines Lebens: Otto.

»If I get married, I want to be very married.«
– Audrey Hepburn

»Was du suchst, das findet dich.«
– Else Arronge

Das, was Sie hier gleich lesen, ist ein modernes Märchen.
Die Personen und die Handlung dieses Buches sind frei erfunden.
Etwaige Ähnlichkeiten mit tatsächlichen Begebenheiten oder lebenden oder verstorbenen Personen sind rein zufällig.
Ich schwöre!

INHALT

VORWORT

Und meine Seele spannte weit ihre Flügel aus ...

Da sind wir zwei beiden wieder, Sie und ich. Schön, dass Sie da sind. Schön, dass wir überhaupt noch da sind. Bei all dem Chaos, das die Welt seit meinem letzten Buch durchlebt hat. Wer hätte das gedacht? Mich hat dieser erzwungene Stillstand auch aus der Bahn geworfen. Aber auf eine gar nicht so schlechte Weise, denn: Ich hatte auf einmal Zeit. Statt zwischen Lesungen, Drehs und Shows hin und her zu tingeln, habe ich – wie alle anderen auch – brav zu Hause gesessen. Mit meiner Familie und mit viel Zeit zum Nachdenken über das, was wirklich wichtig ist. Ich hatte Zeit, innezuhalten und mich umzuschauen. Und das habe ich getan. Bis in die letzte Schublade habe ich geschaut und alles, wirklich alles, auf Vordermann gebracht, was irgendwo noch still und unbemerkt rumlag. Und obwohl sich die Welt plötzlich so seltsam und sorgenvoll angefühlt hat, hat dieser Prozess vieles in mir freigesetzt. Auf einmal konnte ich loslassen. Und als ich die Schubladen meines Lebens durchwühlte, erinnerte ich mich daran, wie weh vieles getan hatte, was ich da vorfand. Ich habe es noch einmal richtig nachgefühlt und an mich geschmiegt. Und dann: losgelassen.

Für diese Katharsis bin ich dieser für die Welt sehr schweren Zeit dankbar. Mir ist klar, dass wir in der Zukunft gemeinsam anpacken müssen und noch viele Schwierigkeiten vor uns liegen. Aber ich weiß auch, dass wir es schaffen. Ich glaube an die Magie des Universums. Und ich bin sicher, Sie tun es auch! Sonst hätten Sie dieses Buch wahrscheinlich nicht ausgewählt.

Der Abstand zu allen und allem hat mir aber vor allem eines vor Augen geführt: Wir Menschen sind zerbrechlich. So fragil wie eine Pusteblume.

Doch was passiert denn, wenn wir die Samen einer einzigen Pusteblume wegblasen und sie vermeintlich kahl im Gras stehen bleibt? Es werden 200 neue wundervolle Pusteblumen daraus. Und somit ist diese Pflanze eigentlich ein Symbol der Antifragilität. Und des Wachstums. Wenn wir die destruktiven Einflüsse überwinden, können wir aus einer Krise gestärkt hervorgehen. Dann machen uns Veränderungen nicht schwächer und starrer, sondern stärker und besser.

So ist es auch mit der Liebe.

Und wenn Sie mein letztes Buch gelesen haben, wissen Sie ja, wie holperig der Weg zur Liebe für mich war. Nicht nur zur partnerschaftlichen Liebe, sondern auch zur Selbstliebe. Wir emanzipierten Frauen sind groß geworden mit dem Credo der freien Liebe. Wir müssen nicht mehr in Beziehungen bleiben, die uns nicht guttun. Doch dieses freimütige Credo hat auch eine Schattenseite. Heute ist es ja bei jeder Eheschließung fast zum *bon ton* geworden zu sagen: Hochzeit ja, spätere Scheidung nicht ausgeschlossen …

Oder besser gleich ohne eheliche Verbindlichkeiten! Passt's nicht? Kein Problem, weg damit! Man steht vor schwierigen Herausforderungen? Kein Problem, einfach entsorgen! Treue und Loyalität? Alte Kamellen, braucht kein Mensch – lieber was Neues anschaffen!

Ich persönlich habe sehr darunter gelitten, dass das alte Modell meiner Eltern »Bis dass der Tod uns scheidet« so unzeitgemäß geworden ist. In Wahrheit war ich nämlich nicht nur deswegen so oft verlobt, weil ich nicht »Nein« sagen konnte. Vielmehr war ich zu oft verlobt, weil ich an dem Glauben der romantischen Ehe festgehalten habe. Ich finde die Ehe super. Dieses »Ja, ich will«, das Sich-zueinander-Bekennen, in guten wie in schlechten Zeiten, die lebenslange Komplizenschaft, ein Leben für die Liebe: Nach diesem Commitment habe ich mich immer gesehnt.

Aber wie Sie vielleicht wissen, war ich nicht nur sehnsüchtig, sondern vor allem eines: trotzig! Richtig trotzig! Ich habe mich wirklich bei allem, was mir so widerfahren ist, geweigert und vor allem verweigert, wenn auch oft erst hinterher ... Aber immerhin! Ich wusste IMMER, dass es meinen Ehemann gibt: »My One-and-Only«, mein »Für Immer«. Und mir war wirklich außerordentlich wurscht, ob ihn die anderen nun auch für mich sehen konnten oder nicht.

Auch wenn es zwischendrin öfter Durststrecken des Glaubens gab, so hatte ich doch das große Glück, immer wieder zu meiner wundervollen Weggefährtin zurückfinden zu dürfen, die mich nie hat bitter werden lassen: der Hoffnung.

Auf meinem Weg in diese Ehe und zu dem finalen Jawort im Sommer 2019 in einem wunderschönen Schloss am See sind mir wieder die unglaublichsten Geschichten passiert! Aber es wäre ja nicht mein Leben, und ich wäre nicht ich, wenn alles glatt verlaufen wäre ...

Dank meiner ersten Eheschließung hatte ich einen Vergleich zu Ehe Nummer zwei. Daher weiß ich, dass ich bei meiner zweiten Runde ein wahres Sommermärchen erlebt habe. Eines, das ein Jahr später so nie hätte stattfinden können, weil ein klitzekleiner Virus die ganze Welt quasi über Nacht lahmlegen sollte. Nichts davon wäre gewesen, wie es war. Und allein das zu wissen, ist doch schon ein kleines Wunder und macht mich unendlich dankbar.

Ich habe mit dreiundvierzig meinen Prinzessinnen-Walk zum Traualtar hingelegt und wurde von meinem zukünftigen Ehemann empfangen wie eine Königin. Mein König heißt Otto, und ich bin jetzt die Ehefrau von Otto dem Ersten!

Na ja, wenn man es genau nimmt, eigentlich von Otto dem Zweiten. Denn mein Otto ist Otto junior. Und was sein Vater, Otto senior, mit unserer Hochzeit zu tun hat und wie er es zusammen mit Ottos Mutter Lisbeth geschafft hat, aus dem Himmel heraus die Strippen für uns zu ziehen, das erzähle ich Ihnen natürlich brühwarm. Hier in diesem Buch.

Ich erzähle Ihnen, was ich alles lernen sollte übers Heiraten und die Liebe und über Männer, damit ich dem Einen begegnen konnte.

Und wenn ich morgens neben Otto aufwache und ihn im Schlaf beobachte, dann denke ich: Ich wusste es! Ich WUSSTE es! Da liegt er, mein Mensch, und gleich wird er aufwachen, mich küssen, ins Bad gehen und pfeifen. Weil er happy ist. Lebenshappy und happy, dass wir uns haben.

Und jetzt stellen Sie sich mal vor, ich hätte aufgegeben, an mein Wunder zu glauben, und hätte mich meinem schlechten Karma ergeben. Oder hätte denen geglaubt, die mir attestieren wollten, dass ich ein verträumtes und weltfremdes Persönchen bin, mit dem Kopf in den Wolken.

Ich hätte weiterhin nur Frösche geküsst, und meine Hochzeit hätte es nie gegeben. Familie, Ehe, Zusammenhalt – schon seit ich ein kleines Mädchen bin, finde ich das toll. Vater-Mutter-Kind war mein Lieblingsspiel, und die Idee, dass ich das irgendwann wirklich leben könnte, hat sich an mein Herz geklebt wie ein Plakat an eine Litfaßsäule. Nun sind die Jahre ins Land gegangen, und das Plakat ist vergilbt, aber die Botschaft steht unverändert in Großbuchstaben da:

»EINES TAGES WERDE ICH DEN MANN MEINER TRÄUME HEIRATEN, VIELE WUNDERVOLLE KINDER MIT IHM HABEN UND GLÜCKLICH SEIN. BIS ANS ENDE UNSERER TAGE.«

Die kleine Ironie des Schicksals dabei ist: Bekommen habe ich eine bunte Patchworkfamilie mit sechs Kindern, von denen ich nur eines selbst geboren habe. Das Universum fühlte sich wohl unter Druck gesetzt, weil ich so lange gebraucht und trotzdem darauf gepocht habe, dass alles auf meinem Zettel auch abgearbeitet werden muss. Aber siehe da: Bessere Kinder hätte es für mich gar nicht geben können. Und auch keinen besseren Mann.

Nach vielen Irrungen und Wirrungen bin ich genau da angekommen, wo ich immer hinwollte. Und wie heißt es so schön? Der Weg ist das Ziel! Oder: Viele Wege führen nach Rom. Und deswegen ging unsere erste gemeinsame Reise selbstverständlich … nach Rom!

Bei meiner ersten Hochzeit war ich Anfang zwanzig und noch grün hinter den Ohren. Und obwohl es damals für alle Außenstehenden nicht einen einzigen vernünftigen Grund gegeben hatte, warum diese Hochzeit hätte stattfinden sollen, weiß ich heute, dass es zu diesem Zeitpunkt richtig gewesen ist. Denn wenn es diese Ehe nicht gegeben hätte, wäre mein Leben komplett anders verlaufen, und womöglich wären Otto und ich uns nie begegnet.

Abgesehen davon hätte ich Ihnen keine einzige lustige oder skurrile Geschichte erzählen können … Angefangen vom unromantischsten Heiratsantrag aller Zeiten bis hin zu meinem Vater, der mich ein paar Monate später zum Traualtar und richtig in Verlegenheit gebracht hat.

In einer touretteartigen Dauerschleife rief er in der Kirche: »Du machs grooooose Scheise, du machs grooooose Scheise, duuuuuu maaaaaaachs grooooose Scheise!«, während meine Mutter in der ersten Reihe so laut heulte wie ein Hund, der sich die Pfote eingeklemmt hat. Aber dazu später ausführlicher, denn das möchte ich Ihnen haarklein erzählen – dazu sind wir schließlich hier.

Ich finde sowieso, dass wir niemals unseren Humor verlieren sollten. Genauso wenig wie die Hoffnung auf die große Liebe. Und die kennt ja bekanntlich weder Geschlecht noch Herkunft, weder Hautfarbe noch Alter. Liebe ist Liebe.

Und: »Die Liebe ist langmütig und freundlich, die Liebe eifert nicht, die Liebe treibt nicht Mutwillen, sie bläht sich nicht auf, sie verhält sich nicht ungehörig, sie sucht nicht das Ihre, sie lässt sich nicht erbittern, sie rechnet das Böse nicht zu, sie freut sich nicht über die Ungerechtigkeit, sie freut sich aber an der Wahrheit; sie erträgt alles, sie glaubt alles, sie hofft alles, sie duldet alles. Die Liebe höret nimmer auf, wo doch das prophetische Reden aufhören wird und das Zungenreden aufhören wird und die Erkenntnis aufhören wird. Denn unser Wissen ist Stückwerk und unser prophetisches Reden ist Stückwerk. Wenn aber kommen wird das Vollkommene, so wird das Stückwerk aufhören. Nun aber bleiben Glaube, Hoffnung, Liebe, diese drei; aber die Liebe ist die größte unter ihnen.«

Sie können sich sicher denken, wo diese Auszüge des Korintherbriefes gelesen wurden? Stiiiiimmt! Bei meiner Hochzeit. Oder richtiger: bei meinen Hochzeiten. Doppelt hält einfach besser!

EIN HAPPY END MIT SAHNEHÄUBCHEN

Sie erinnern sich? In meinem letzten Buch »Eigentlich wollte ich mich selbst entfalten« hatte ich, 40-something Mimi Fiedler, immer etwas an mir auszusetzen: zu tiefe Dellen, zu dunkle Ringe, zu dicke Röllchen, viel zu oft verlobt, viel zu oft entlobt.

Das mit dem Älterwerden wollte ich erst nicht so richtig akzeptieren und habe die ganze Zeit versucht, den unaufhaltsamen Verfall abzuwenden.

Seit meinem letzten Buch sind ein paar Monde vergangen, eine Sport-Mimi ist immer noch nicht aus mir geworden! Aber – Gott sei Dank – inzwischen will ich es auch nicht mehr. Es ist so, wie es ist. Trotzdem überfällt mich manchmal die Fantasie, aus mir würde noch mal eine richtige Yogine werden. Wer weiß das schon? Das Leben steckt voller Überraschungen …

Inzwischen bin ich bei einem richtigen Arzt gewesen, einem, der mir erklärt hat, dass meine armen Zellen von einem Lipödem befallen wären. Aber nachdem ich mich erst mal an das Wort gewöhnt hatte, haben der Arzt und ich dem kleinen Lipö-Monster den Garaus gemacht. Dass da Sport eh nichts genützt hätte und warum das ein großer Unterschied zu läppischer Cellulite ist, darüber sprechen wir vielleicht ein andermal.

Meine Haut wird zwar nie dellenfrei sein, aber es ist schon viel besser! Meine Selbstzweifel sind weg, und wahrscheinlich bleiben sie das auch. Letztens habe ich neue Falten entdeckt, am Hals – und zum ersten Mal dachte ich: Eigentlich finde ich die toll. Ich sehe vital aus und deswegen altere ich auch vital. Und weil ich mich wohlfühle in meiner Haut und das auch ausstrahle, strahlt Positives auf mich zurück. Wenn man in diesem Stadium seines Lebens ist, dann zieht man automatisch an, was gut für einen ist. Der Magnet-Effekt funktioniert immer! Und zwar in beide Richtungen. In welche, entscheiden wir.

Sobald wir unsere Kindheit hinter uns lassen, sehen wir Frauen uns mit tausend hirnrissigen Vorstellungen von Weiblichkeit konfrontiert: Traumkörper, Traumhaut, Traumhaare, Traumprinz. Alles muss unbedingt perfekt sein. Wenn man in dieses perfekte Bild nicht reinpasst, dann ist man irgendwie ein bisschen wie beschädigte Ware. Je älter man wird, desto mehr Angst bekommt man, keiner würde einen mehr wollen, geschweige denn heiraten wollen. Und je mehr man verkrampft und versucht, Perfektion zu erzwingen, desto mehr verstärkt sich dieser Effekt. Ich habe endlich gelernt, dass gerade meine Imperfektion perfekt ist! Loslassen tut sooo gut! Und heute mag ich mich. Wirklich! Ich bin zu meiner allerbesten Freundin geworden. Und dass ich das überhaupt jemals sagen würde, auch das gehört in meine kleine Wunderkiste!

Meine Eltern haben früher wie ferngesteuert den Kopf geschüttelt, wenn ich ihnen vorschwärmte, wie schön ich's mal haben würde. Mit allem Pipapo! So recht geglaubt hat an mein Glück wohl keiner …

»Mimi-guck-in-die-Luft«, das hatte mir mal eine Klassenkameradin in mein Matheheft gekritzelt. Dann hat sie ihren Kopf mit den anderen Mädchen zusammengesteckt und sich über mich lustig gemacht, weil ich mit neun schon von der großen Liebe geträumt habe, obwohl mich keiner der Jungs haben wollte.

Aber das Leben wäre nicht das Leben, wenn es uns nicht immer wieder zeigen würde: Wenn DU es glaubst, dann glauben wir es beide. Und dann wird nicht nur ein Schuh daraus, sondern gleich ein ganzes Paar.

Und so kam ich zu meinem Ehemann Otto.

Er wollte mich, so, wie ich war. Und ich wollte ihn, so, wie er war. Wenn ich heute vor ihm stehe und blinzele, fragt er mich, warum ich wieder so merkwürdig auf seinen Kopf schaue …

Und dann antworte ich: »Ich versuche, deine Krone besser zu sehen, weißt du? Manchmal erscheint es mir nämlich fast, als hättest du ein Sahnehäubchen auf. Eine Krone aus Sahne, herrlich, Otto!«

Dann grinst Otto: »Dabei bist DU doch die Schnitte!«

Woraufhin wir beide grenzdebil grinsen und wissen: Das ist Liebe.

Und dann denke ich an all die Ungläubigen zurück, die Realisten und Analysten, die das, was ich im Herzen immer schon wusste, selbst nie gesehen haben. Und vielleicht auch nie sehen werden. Weil sie nicht daran glauben. Und weil man vielleicht auch ein klitzeklein wenig verrückt sein muss, um daran glauben zu können.

Und wissen Sie, was in dem Café, in dem Otto und ich unser erstes Date hatten, über der Eingangstür stand?

»Miracles happen to those who believe!«

WUNDERBARE WUNDER, FALSCHE FRÖSCHE UND RICHTIGE PRINZEN

Falls Sie Ihren Mr Big auch schon getroffen haben – und vielleicht sogar bereits unter der Haube sind –, dann dürfen Sie sich jetzt entspannt zurücklehnen und hier und da zustimmend nicken. Dann wissen Sie, wovon ich rede. Denn Sie haben es wahrscheinlich am eigenen Leib gespürt: Amor findet Sie überall! Sein Pfeil kann Sie unversehens an jedem Ort treffen: an der Supermarktkasse, am Bankschalter oder mitten auf dem Zebrastreifen.

Leider sind aber auch ein paar Scharlatane unterwegs, die sich als Amor ausgeben und ein ziemliches Verwirrspiel in Liebesdingen mit uns betreiben. Ich wurde auch schon Opfer dieser vergifteten Pfeile und habe mich in die Falschen verguckt.

Aber selbstverständlich habe ich die Hoffnung nicht aufgegeben, vom Richtigen getroffen zu werden. Und genau das rate ich Ihnen auch. Denn wenn Sie aufhören, eine Zielscheibe für Amors Pfeile zu sein, dann können Sie gar nicht mehr getroffen werden! Ihre Anziehung für die wahre Liebe wäre zu schwach. Und das wollen wir unbedingt vermeiden! Viel zu schön ist sie nämlich, die wahre Liebe. Auch wenn ich zigmal den Amor-Schwindlern aufgesessen bin: Am Ende konnte ich sie stets entlarven, habe sogar noch daraus gelernt und Bücher über sie geschrieben.

Allein ums Lernen über sich selbst geht es – darüber, was man – oder besser frau – sich wünscht. Meine zauberhafte Frau Adelgunde Schmutz, mein Coach, der mir aus meiner größten Verzweiflung herausgeholfen hat, fragte mich in einer unserer Sitzungen, ob mich das Leben, das ich führe, satt mache. Es war eine scheinbar einfache Frage, die mich sofort zum Weinen brachte. Denn die Antwort war »Nein«. Ich war nicht satt. Es war, als hätte ich stets Lebens-Junkfood in mich reingestopft, das zwar eine kurze Euphorie auslöste, aber natürlich auf Dauer weder gesund war noch satt machte. Und daran waren natürlich nicht nur die Amor-Betrüger schuld …

Bei aller Schicksalsgläubigkeit: Schlussendlich sind *wir* es, die die Entscheidungen treffen. Mich hat bei meiner ersten Ehe ja keine Security in Handschellen gewaltsam zum Traualtar geschleift und unter Folter gezwungen, »Ja« zu sagen. Das habe alles ich selbst erledigt und meine innere Stimme dabei auf lautlos gestellt. Die hätte wohl meinem Vater zugestimmt, der viel lieber ein »Nein, auf keinen Fall!« gehört hätte als ein »Ja, ich will!«.

Hätte ich damals gewusst, wie viele Frösche ich nach meiner ersten Ehe noch küssen müsste, bis ich ein erstes Plus auf meinem Karmakonto verzeichnen konnte, uhlala! Vielleicht wäre ich dann gar nicht erst angetreten …

Aber ich bin es! Und Sie treten auch an! Hier. Mit mir zusammen! Und zum Schluss gibt's dann wiiiieder ein Happy End. Und dieses Mal nicht nur für mich in diesem Buch. Auch für Sie! In ihrem echten und wahrhaftigen Leben.

Die beiden Zauberworte sind *loslassen* und *Hoffnung*. Nicht das Loslassen von Hoffnung. Sondern ein hoffnungsvolles Loslassen. Und in der Zwischenzeit arbeiten Sie einfach an

Ihrem Leben und basteln es sich so, wie Sie es sich wünschen. Sich einen ersten Ruck zu geben, ist schwer, das weiß ich aus eigener Erfahrung, aber es lohnt sich.

Denn – falls Sie ihn nicht schon längst haben – auch auf Sie wartet da draußen der Traumprinz.

Den Test, ob Sie zu Hause eine Kröte sitzen haben, die niemals im Leben zu Ihrem Prinzen wird, machen Sie einfach so: Braucht Ihre Kröte Bedenkzeit oder »Freiheit« und hält auch eigentlich nicht so viel von der Ehe, setzen Sie sie bitte umgehend zurück ins Gras. Diese »Freiheit« ist die freundliche Umschreibung dafür, keine Verantwortung übernehmen zu wollen für die Prinzessin. Oder es ist gar der Hinweis, dass die Suche der Kröte nach geeigneter Prinzessin noch nicht abgeschlossen ist. Ich hätte mir eine Menge Tränen erspart, wenn ich für das Verhalten meiner Kröten nicht immer 189874545 Erklärungen gesucht hätte, wie zum Beispiel, dass die armen Tierchen einfach nur viiiiiel Liebe bräuchten, und wenn ich nicht immer das Bedürfnis verspürt hätte, sie von ihrem Lotterleben befreien zu müssen. Pustekuchen! Was nicht passt, kann selbst die kreativste unter uns Ladys nicht passend machen!

Wenn es bei Ihnen einfach nicht klappen will mit dem liebevollen Ehemann: Halten Sie sich erst mal eine Weile von Tümpeln und Weihern fern. Bleiben Sie stattdessen bei sich. Machen Sie sich einfach eine tolle Zeit mit Ihren Freundinnen und – wenn Sie Kinder haben – mit Ihrer Familie, denn wer mit einer positiven Haltung durchs Leben geht, hat automatisch eine bessere Ausstrahlung.

Egal, was bis jetzt in Ihrem Leben vorgefallen ist, wie viel Pech Sie mit allem hatten und wie wenig Sie an sich und ein

Happy End geglaubt haben: Die Zeit für Ihren großen Rettungsanker wird kommen. Sagen Sie auch »Ja, ich will«. Und zwar zu sich selbst.

Und wenn Sie mit etwas unzufrieden sind, dann nutzen Sie doch dieses kleine Buch und mein Happy End mit Otto als kleinen Anstupser für Ihre Veränderung, anstatt sich darüber zu beklagen, was Sie nicht haben. Eines immerhin habe ich bei all dem, was ich falsch gemacht habe, richtig gemacht: Ich habe mich am Ende des Tages auf das Gute besonnen – auf das, was ich habe. Und nicht auf das, was ich nicht habe.

Lachen und träumen Sie einfach ein paar Momente Ihres Lebens mit mir zusammen. Und wenn Sie dieses Buch dann zu Ende gelesen und weggelegt haben, dann werden Sie ein Kribbeln im Bauch spüren, weil Sie wissen, dass Ihr wunderbares Wunder naht. So schlecht kann kein Karma sein, dass man bis an sein Lebensende Kröten, Unken, Frösche küssen muss. Denn eines Tages steht statt des Froschs der Traumprinz vor Ihnen – so wie bei mir auch. Sie müssen nur daran glauben!

Da sind wir doch jetzt schlauer! Stimmt's?

EVERYBODY IS GEIL

Beim allerersten Antrag meines Lebens war ich sechzehn und arbeitete in den Sommerferien in einer großen Computerfirma namens Jennycom. Und damit fing mein Verlobungssyndrom an. Es war das allererste Mal, dass ich dachte: »*Da* sollte ich jetzt echt nicht ›Nein‹ sagen!«

Meine Mutter Marija war Frau Jennycoms Zugehfrau, ihre Perle, und so bekam ich in der Firma einen Ferienjob. Meine Aufgabe war es zu kopieren, abzuheften, zu laminieren, Briefe einzutüten und zur Post zu bringen. Auch Jennys Söhne sollten schon früh das Arbeiten lernen, und so waren wir bei dem gut bezahlten Ferienjob zu dritt.

Einer der Söhne war so alt wie ich und hieß Korbinian, der andere war zwei Jahre älter und hieß Ken. Und so sah er auch aus, wie Barbies Ken. Die Brüder gingen auf die International School, wo Ken Kapitän der Basketballmannschaft war und Korbinian Mitglied im Schachklub. Ken hatte Bauchmuskeln, die sich durch seine eng sitzenden T-Shirts abzeichneten. Korbinian hatte prall gefüllte, hellrote Pickel am Kinn und roch muffig wie Wäsche, die zu lange nass in der Waschmaschine gelegen hat.

Selbstverständlich verknallte ich mich schon am ersten Arbeitstag in Ken. Wo auch immer er hinging, da war auch ich. Wenn Ken zufällig in meine Richtung schaute, tat ich so, als würde ich was Wichtiges lesen und könnte mit meinem Wissen jederzeit Jennycom übernehmen. Der schöne

Ken jedoch nahm mich gar nicht wahr. Was wiederum ich nicht wahrnehmen wollte.

In meinem Kopf war er bis über beide Ohren verliebt in mich, hielt mit mir Händchen und küsste mich leidenschaftlich – als erster Junge überhaupt.

Von meinem ersten Paycheck kaufte ich ein richtig heißes Minikleid in Pink. Und führte es am nächsten Tag in die Firma aus. Auf dem Flur traf ich auf Korbinian, dem, als er mich erblickte, die Kinnlade runterfiel. Er sah aus wie ein kaputter Nussknacker und starrte an mir herunter. Er stotterte: »Ähm, also, ähm, das ist aber ein g-g-g-g-geiles Outfit! Richtig g-g-g-g-geil!« Und als hätte sich jemand einen Witz erlaubt, dröhnte in diesem Moment aus dem Büroradio der saudämliche 80er-Song »Everybody's geil g-g-g-g-geil, I said everybody's geil g-g-geil g-g-geil!«

Wir blieben beide kurz unbeholfen voreinander stehen. Dann löste ich mich abrupt und stammelte, weil mir nichts Besseres einfiel: »Cool!«, und Korbinian, dem auch nichts Besseres einfiel, sagte ebenfalls: »Cool!«

Leider bekam ich an diesem Tag meine Flamme Ken nicht zu Gesicht, weil er ein seeehr wichtiges Basketballspiel hatte. Dafür rief mich aber sein Vater ins Büro und legte mir nahe, morgen lieber wieder in »normaler« Kleidung zu kommen: »Mimi, ich sehe, Sie haben sich Mühe mit der Auswahl Ihrer Kleidung gemacht«, setzte er an, und ich war immer noch irritiert darüber, dass er mich siezte, »für mein Empfinden ist es aber etwas zu …«, er suchte nach den richtigen Worten, deutete auf die Stelle, an der das pinke Kleid knapp über meinem Schlüpfer endete, und beendete seinen Satz mit »pink«. Damit war mein Vorhaben, das Kleid morgen einfach noch mal anzuziehen, im Eimer!

Doch das Teil hatte nur den Auserwählten, nicht aber seine Wirkung verfehlt: Korbinian folgte mir jetzt auf Schritt und Tritt. Am nächsten Arbeitstag kam ich wieder in Jeans, Chucks und T-Shirt, mit zusammengebundenen Haaren, Rucksack und schlechter Laune. Mein Blick und meine Laune erhellten sich aber, sobald ich den schönen Ken sah. Dieses Mal wollte ich all meinen Mut zusammennehmen und ihn grüßen. Ich würde so tun, als ginge ich an ihm vorbei. Dann würde er mich, sobald ich vor ihm stünde, bemerken, und mich dann genauso ansehen, wie sein Bruder Korbinian mich gestern angesehen hatte. Auch ohne Minikleid! Er würde mich bestimmt fragen, ob ich den Rest des Tages mit ihm im Kopierraum verbrächte, und ich täte so, als müsste ich erst mal darüber nachdenken. Dann würde ich möglichst gelangweilt »Okay, ja, ich will« sagen. Das hatte ich so in der BRAVO GiRL! gelesen …

Ich lief also los, und er drehte sich zu mir und grinste. Ich lächelte völlig verstrahlt zurück und quietschte: »Ja! Ich will!«

Da erblickte ich sie: Eine blonde Schönheit mit irre langen Haaren und hellblauen Augen. Sie war einfach nur WOW und sah aus wie ein Starschnitt aus der BRAVO GiRL!, während sie Kens Hand hielt und grinste.
»Warum zum Teufel grienen die so blöde?«, dachte ich noch, und dann entdeckte ich es …

Der ganze Jennycom-Eingangsbereich war mit Postern von mir im Minirock zugekleistert: Jemand hatte mich gemalt, das Ganze hundertfach kopiert, aufgehängt und mit der Frage versehen: »Willst du mich heiraten?«

Ich wirbelte herum in Richtung Ausgang und wollte davonlaufen. Dort stand Korbinian mit einer riesigen Rose und hielt lautstark um meine Hand an.

Aus den Büros kamen neugierig alle Mitarbeiter gerannt, und ich geriet in Erklärungsnot. Ich schaute mich in der Menge um und den pickeligen Korbinian an und hörte, wie von weit her, meine Antwort: »Ja, okay, ich will ...«

Kein Korb für Korbinian.

Die Belegschaft klatschte begeistert über die Teenie-Ehe. Ich kniff mich selbst in den Oberarm in der Hoffnung, ich würde JETZT aus meinem Albtraum erwachen. Doch aus dem Albtraum war Realität geworden, und ich verbrachte meinen Sommer als jugendliche Verlobte des Juniorchefs im Schockzustand. Immerhin konnte ich ihm verklickern: keine Küsse vor der Ehe!

Ken und seine blonde Barbie verbrachten ihren Sommer bei Jennycom im Kopierraum. Nach den Sommerferien kam Korbinian dann aufs Internat, weil er versehentlich den Pferdestall seiner Mutter abgefackelt hatte. Immerhin blieb mir so die Ehe erspart. Ken habe ich nie mehr wiedergesehen. Und frau muss ja auch nicht jeden Frosch küssen, der ihr über den Weg hüpft. Meine Ken-Puppen habe ich im Herbst auf dem Flohmarkt verkauft und alle Barbies gleich dazu. Sicher ist sicher!

ICH KANN DOCH SO SCHLECHT »NEIN« SAGEN

Verlobt zu sein, das war bisher – wie gesagt – die Hauptbeschäftigung meines Lebens. Ich kann wirklich schlecht »Nein« sagen, also habe ich einfach immer »Ja« gesagt. So kam es auch zu meiner ersten Ehe mit Harald.

Ich war zarte zweiundzwanzig Jahre alt, befand mich nach einem Selbsterfahrungstrip durch Ägypten mitten in meiner Hippie-Phase und rannte den ganzen Tag in bunten Gewändern und mit einem aufgeklebten Bindi zwischen den Augen durch die Gegend.

Er stand plötzlich neben mir in einer Bar, die »Club Voltaire« hieß. Und während ich bedeutungsschwanger an meiner Zigarette zog und schon halb angetüdelt mit meinem Sitznachbarn am Tresen ein Gespräch über Frauen im Dadaismus führte (»Dada ist, was dada ist!«), grätschte Harald mir von der Seite ins Gespräch, sagte: »Du hast da was!«, und kratzte mir mein Bindi von der Stirn.

Weder er noch ich wussten, dass das Bindi ein Zeichen verheirateter Frauen ist und ich genau genommen also gar nicht zu haben war.

Harald roch stark nach Weichspüler, ein Geruch, der trotz des Zigarettenqualms in der Bar überdeutlich zu vernehmen war.

»Geht's noch, du Schmock?«, fragte ich ihn. Harald grinste nur grenzdebil, und seine Gesichtsfarbe nahm ein seltsames Hellgrün an.

Der Junge musste wohl mal dringend an die frische Luft …

Und ehe ich mich's versah, verarztete ich Harald auf der Wiese vor dem Klub. Ich reichte ihm ein Taschentuch, nachdem er eine oder zwei Runden Kotzen hinter sich gebracht hatte.

Langsam bekam er auch eine normale Gesichtsfarbe zurück. Erstaunlicherweise roch er nicht nach Erbrochenem, sondern immer noch nach Lenor. Er entschuldigte sich wortreich. Normalerweise mache er so was nicht. Und dann fing er an, mir die langweiligsten Geschichten zu erzählen, die ich je gehört hatte. Irgendwie hatte ich Mitleid und blieb sitzen. Und das Mitleid wurde nicht weniger, als mir Harald gestand, dass er mit fünfundzwanzig noch nie eine feste Freundin gehabt hatte.

Sein Name, der Weichspüler und die paar seltsamen Fakten über sein Leben ließen mich auf einer Welle von Mitgefühl reiten, und ich schob ihm doch tatsächlich meine Nummer rüber.

Bei unserem ersten Date fuhren Harald und ich an den Rhein. Harald schwieg die ganze Fahrt über. Während er stumm auf die Fahrbahn glotzte, fragte ich mich, wie ich nur im Auto von Harald hatte landen können. Aber er hatte so etwas unbeholfen Welpenhaftes an sich, und das, obwohl er drei Jahre älter war als ich. Es löste widersprüchliche Gefühle in mir aus, die sich am ehesten als eine seltsame Mischung aus tief empfundener Abneigung und einem gleichzeitig unkontrollierbaren Beischlaf-Wunsch beschreiben ließen.

Irgendwann schwenkte Harald plötzlich rechts aus und fuhr auf einen Autohof. Er parkte seinen klapperigen Wagen zwischen den Lkw, und kurz überkam mich der Gedanke, dass ich möglichweise mit einem Serientäter im Auto saß und gleich mein letztes Stündlein geschlagen hätte.

Aber es schlug was ganz anderes …

»Harald …? Was … was … ist?«, fragte ich verängstigt. Er stellte mit zitternden Händen den Motor ab, ging um das Auto herum, öffnete meine Tür, kniete nieder und brüllte fast: »Mimi! Wir gehören zusammen! Ich spüre es! Und deswegen frage ich dich: Willst du mich heiraten?«

Und so kam ich – weil ich so schlecht »Nein« sagen kann – zu meiner Verlobung mit Harald. Denn natürlich sagte ich »Ja«.

Ich hatte also idiotische Fakten geschaffen und musste diese nun meinen Eltern beichten. »Mama und Papa sind Kroaten, und Kroaten sind ja bekannt für Hals-über-Kopf-Nummern; sie werden schon nicht ausrasten«, hoffte ich noch.

Und so ging ich völlig scheinheilig an einem Sonntag zu meinen Eltern und setzte mich an den Mittagstisch. Mein Vater brachte Hack, und ich überbrachte die Hiobsbotschaft:

»Mama, Papa, es ist so … Ich bin jetzt alt genug, um mit beiden Beinen im Leben zu stehen.«

Mein Vater runzelte sofort die Stirn und schaute schräg über seine Brillengläser. Das Mit-beiden-Beinen-im-Leben-Stehen klang wirklich nicht nach seiner Erstgeborenen, die bereits beim Aufstehen über irgendetwas drüberflog.

»Aha«, war daher seine skeptische Antwort. »Was heißt das ma jetz?«

Ich überlegte, wie ich es am besten verpacken sollte. Schließlich hatten sie meinen Verlobten noch nie gesehen. Daher wählte ich die ganz direkte Variante: »Ich heirate.«

Mein Vater riss die Augen so weit auf, als hätte ich ihn gerade angeschossen, und meine Mutter warf ihren Kopf in den Nacken und jaulte: »Kann isch misch auch ma umbringen!«

Sie kriegte sich gar nicht wieder ein und wiederholte in Dauerschleife ihre Selbsttötungsdrohung, während mein Vater so wirkte, als verlöre er seine geistige Gesundheit.

»Mama, jetzt hör auf! Zu heiraten ist ja wohl nicht soooo schlimm, dass man sich umbringen muss«, sagte ich leicht angesäuert, »und außerdem würdest du dich nie umbringen! Du wärst ja wohl die Allererste auf dem Rettungsboot, wenn die Titanic noch mal unterginge!«

»Werst du jetzt ma nisch fresch, ja? Was ist das ma fia eine scheise Idee!? Tipisch Du!« Dann fing sie an zu heulen und sagte mit noch mehr Pathos in der Stimme: »Kann isch misch jetzt wekklisch ma UMBRINGEN!«

Mein Vater atmete tief ein und aus und fragte: »Und wie heißt ma de junge Mann!?«

»Er heißt Harald«, sagte ich schwach.

Harald klang jetzt nicht unbedingt nach einem jungen Mann, sondern eher nach einem Mann mittleren Alters, der in kurzen Kakishorts und weißen Sportsocken in Sandalen durchs Leben ging. Bevor meine Mutter vollends die Fassung verlor, schob ich nach: »Er ist drei Jahre älter als ich, und seinem Vater gehört ein Autohaus.«

Mein Vater sagte wieder »Aha«, allerdings etwas erleichterter als zuvor. Wenigstens heiratete ich offensichtlich keinen Greis.

Meine Mutter wurde hellhörig und hörte auf zu jaulen. Das Wort »Autohaus« hatte anscheinend eine beruhigende Wirkung auf sie: »Ah, das ist ma schen! Wie heißte das Autohaus?«

Ich antwortete ein bisschen misstrauisch ob ihrer schnellen Genesung: »Autohaus Hering.«

Harald Hering, mein Verlobter, war der Sohn von Hubert Hering und der Neffe von Heinz Hering und hatte einen Bruder namens Helmut Hering. Helmut und Harald hießen auch der Großonkel und der Großvater von Helmut und Harald junior und das Autohaus war schon immer in Familienbesitz gewesen. Da meine Mutter bereits den großen Fang witterte, ersparte ich ihr lieber die Info, dass das Autohaus wegen Helmuts und Haralds Unfähigkeit bereits an die Söhne von Onkel Heinz vererbt war.

Meine Mutter bohrte interessiert weiter: »Und was hat de ma fia eine Religion?«

Ich hatte keinen blassen Schimmer, was für einer Religion Harald angehörte. So weit waren wir noch nicht gekommen. Ich wusste nicht mal sein Geburtsdatum, geschweige denn seine Konfession … Also log ich zum Wohle aller: »Er ist katholisch!«

Das Zauberwort der Kroaten – katholisch – schien meine Eltern etwas zu versöhnen. Am liebsten verheiraten kroatische Eltern nämlich ihre Kinder mit katholischen Kroaten. Weil wir so ein winziges Land sind und es nicht mal sechs Millionen von uns gibt, leben wir in der ständigen Befürchtung, wir könnten aussterben. Deswegen heiraten Kroaten Kroaten. Zur Not gehen auch Deutsche.

Dass der Weichspüler-Geruch ein Hinweis vom Universum auf die nicht vorhandene Persönlichkeit des deutschen Harald war, bemerkte ich leider zu spät. Nämlich erst, als ich ein paar Wochen später schon bei Harald wohnte und meine Eltern sich wohl oder übel mit der bevorstehenden Hochzeit ausgesöhnt hatten – und das, obwohl sie meinen Verlobten immer noch nicht kennengelernt hatten.

Er brauche noch Zeit, war seine Ausrede.

Natürlich war die Zeit, die er brauchte, irgendwann abgelaufen, denn meine Eltern fragten ungefähr drei Mal täglich, was jetzt mit einem Besuch wäre.

Ich verklickerte Harald vor dem Treffen, er solle bitte nicht erwähnen, dass das Autohaus bereits an seine Cousins vererbt worden sei. Harald versprach, nichts zu sagen, und nickte dazu welpenhaft. Mich überkam sofort wieder diese seltsame Welle Mitgefühl. Wenn man Harald Hering hieß, war das Leben sicher nicht leicht.

Meine Eltern hatten, so wie es sich für Kroaten gehört, das Fleisch von acht Schweinen für vier Personen zubereitet. Harald sollte nicht denken, wir hätten nix. Wenn die das

Autohaus hatten, hatten wir wenigstens Fleisch. Sehr viel Fleisch. Meine Mutter hatte sich richtig aufgebrezelt und redete wie ein kaputtes Radio auf Harald ein, während mein Vater Harald anstarrte, als wolle er ihn in Hypnose versetzen.

Während meine Mutter plapperte und Harald mit Dackelblick in die Gegend glotzte, beugte sich mein Vater abrupt zu mir rüber. Er sagte laut, für alle deutlich vernehmbar, in Haralds Richtung: »Der hat ma schwule Auge!«

Dann klopfte mein Vater laut mit der Fleischzange auf das Schwein. Als ob nichts gewesen wäre, fügte er hinzu: »Hier gibt ma Gas auf Flöte! Ess ma jetz alle.«

Der Gesichtsausdruck meiner Mutter schaltete binnen kürzester Zeit von »Kann isch misch JETZT auch ma umbringen« in »Kann isch den jetz ma umbringen!«. Und damit meinte sie nicht meinen Verlobten, sondern ihren Ehemann.

Jedenfalls haben Schwule Auge und ich sehr schnell festgestellt, dass unsere Familien nicht so gut zueinanderpassen. Und dass für ihn eine Deutsche und für mich – in der Tat – ein Kroate besser gewesen wären.

Aber da wir schon mittendrin waren in der ganzen Chose, hat keiner gewagt, einen Rückzieher zu machen, und so haben wir wirklich geheiratet, Harald und ich.

Lange hat diese Ehe aber nicht gehalten, und ich habe mich relativ zügig wieder scheiden lassen. Zum Glück für uns beide! Schwule Auge ist nämlich alles andere als schwul: Ich war einfach nicht sein Deckelchen und er nicht meines.

Heute hat er eine bezaubernde Frau an seiner Seite, und wenn man die beiden als Außenstehender betrachtet, weiß man sofort: Das passt. Die beiden sind ein Team. Und es ist Liebe.

Meine großen und kleinen Malheurs haben mir eines beigebracht: Die wahre Liebe klemmt nicht. Sie ist nicht kompliziert. Früher dachte ich, dass große Lieben eben Drama mitbringen, sonst wären sie nicht wahrhaftig. Oder groß genug. Und im Grunde ist es auch das, was Hollywood uns zu verklickern versucht: No drama, no love. No pain, no gain. Ich bin diesem alten Schema auch immer aufgesessen – und das, obwohl ich tief in mir drin natürlich geahnt habe, dass da etwas nicht stimmen kann.

Aber da ich auch immer ein bisschen rebellisch war, habe ich versucht, mein Glück zu erzwingen. Nur um zu beweisen, dass ich mit Harald richtigliege und alle anderen falsch. Obwohl selbst Harald wusste, dass es falsch war.

Heute weiß ich natürlich, dass das, was nicht zusammenpasst, irgendwann auseinanderfällt. Egal wie sehr man auch versucht, es passend zu machen. Und meist tut es dann sehr weh. Ich habe meine Teenagerzeit, meine Zwanziger und meine Dreißiger damit verbracht, Lieben hinterherzurennen, die gar keine waren. Und immerzu dachte ich, es liege an mir, an meinem komplizierten Wesen oder gar an meiner zu romantischen Vorstellung von der Liebe.

Natürlich lag das Scheitern der Dinge aber auch an mir.

Weil ich mit den Männern, die ich mir ausgesucht hatte, entweder nicht kompatibel war oder sie im Grunde nichts von mir wollten.

Heute bin ich dankbar für die Fehler, die ich gemacht habe. Denn ohne diese Fehler hätte ich wohl nicht herausgefunden, was ich will, und vor allem, was ich nicht will. Und Harald wollte ich eben nicht. »Auch meine Sinne sind Sinne«, wusste schon Emilia Galotti, und zu viel ist zu viel ...

BRAUTKLEID BLEIBT BRAUTKLEID

Aber bevor Harald zu seinem Deckelchen kam und ich – erst zwanzig Jahre später – zu meinem, haben Harald und ich geheiratet. Und meine Mutter schleifte mich hysterisch von Brautladen zu Brautladen.

Wenn ich schon in eine deutsche Autohausdynastie einheiratete, dann sollte ich wenigstens aussehen wie die kroatische Version von Jackie Kennedy. Dass die Autodynastie aus einer einzigen dörflichen Niederlassung bestand, die Harald sowieso nicht erben würde, ging ihr am Allerwertesten vorbei. Und so landeten wir schließlich in einem Laden, der, wie es der Himmel so eingefädelt hatte, JAQUELINE hieß.

Die Besitzerin hieß Donata Pfeffersack und musterte mich mit unverhohlen geringschätzigem Blick. Ich sah an mir herunter: Ich trug Flipflops und zerrissene Jeans.

»Es braucht langjährige Erfahrung und einen unfehlbaren Geschmack, um das Richtige auszuwählen. Zu Ihrem Glück besitze ich beides!«, lächelte die Mittfünfzigerin mich mitleidig an, »… und Sie sehen aus, als bräuchten Sie dringend Hilfe! Man kann in der Tat viele Fehler bei der Suche nach dem richtigen Brautkleid machen. Ich weiß ja nicht, was Sie sonst so tragen. Aber wenn Sie in bodenlanger Spitze gehen wollen, sollte diese besser nicht aus Polyester sein!«

Bei einem Blick auf Donatas spießiges Twinset mit Schleifchen-Ballerinas und Perlohrringen war ich mir nicht sicher, ob ich mich darauf verlassen wollte. Meine Mutter allerdings schaute siegessicher drein und wirkte, als würde sie gleich ekstatisch aus ihrem Körper austreten.

Ich versuchte, Donata zu vermitteln, wie ich mir mein Kleid vorstellte, und meine Mutter wiederum erklärte ihr, was *sie* sich vorstellte ...

Donata fand: »Zu viele Köche verderben den Brei. Am einfachsten wird sein: Ich sage Ihnen, welches Kleid zu Ihnen passt! Das Stilgefühl steht in unserer exklusiven Boutique im Zentrum!«

Ich war zu erschöpft, um mich zu wehren. Ich hatte meine Mutter bereits durch alle Brautmodengeschäfte geschleift und zig Kleider anprobiert. Nichts! Die Suche nach dem geeigneten Kennedy-Brautkleid erwies sich als eine einzige Odyssee. Wahrscheinlich war das der verzweifelte Versuch des Universums, dem ganzen Unterfangen einen Strich durch die Rechnung zu machen. Nach dem Motto: Kein Kleid, keine Hochzeit! Dieser Laden war unsere letzte Hoffnung. Unter lautem Gejammer ließ sich meine Mutter in eine pinkfarbene Stilmöbel-Couch sinken, die so gar nicht stilsicher war: »Isch bin ma fix und fertisch!«, stöhnte sie.

Die Verkäuferin schaltete sich wieder ein: »Wir haben hier verschiedenste Modelle: feinste Crêpe-Seide, italienischer Seidenorganza und lange Schleier aus Brüsseler Spitze ...« Nach einem erneuten Blick auf mich fuhr sie fort: »... und je nach Budget natürlich auch etwas Günstigeres …« Und dann legte unsere Expertin dienstbeflissen los. Sie holte mir Minikleider, schmale Kleider, Duchessekleider, Kleider im Meerjungfrauenstil, Corsagenkleider, A-Linienkleider, Vokuhila-Kleider, Etuikleider, Empirekleider, … aber absolut nichts konnte mich begeistern.

Zu guter Letzt schleifte die mittlerweile völlig aufgelöste Frau sogar Umstandsbrautkleider an und schnaufte: »Also, Sie haben nun alles, alles, ALLES! durchprobiert. Wir haben nur noch Umstandskleider! Aber vielleicht passt das ja bald zu Ihnen?«

Ich starrte die Verkäuferin entgeistert an: Alles an ihr war spitz: ihr Kinn, ihre Nase, ihre Knie – besonders aber ihre Zunge.

Meine Mutter nahm von der beleidigenden Art keine Notiz. Sie tupfte sich mit einem Taschentuch die Stirn ab. »Also isch weiß ma nisch, wie stellst du dir das voa? Isch hab Kopfschmerz von deine Kleide.« Dann verdrehte sie die Augen – und zwar meinetwegen!

Ich war entrüstet: »Die Suche nach dem perfekten Kleid soll doch Spaß machen, daran möchte ich mich noch Jahre später voller Freude erinnern! Und ich möchte eben nicht aussehen wie Jackie Kennedy! Am Ende bringt das noch Unglück über uns, und Harald wird erschossen!«

Meine Mutter murmelte etwas ins sich rein, was stark nach »Besse wäre ma fia alle!« anhörte. Ich selbst war auch alles andere als sicher, ob die Eheschließung mit Schwule Auge die richtige Entscheidung war. Aber mein Wille, die Eheschließung durchzuziehen, war größer als die Mahnungen meiner inneren Stimme und die meiner Eltern.

»Außer Umstandskleidern haben Sie nichts zu bieten in

Ihrer exklusiven Boutique? Ist mir egal, ob Bikini, Dirndl, Hosenanzug oder eine Tüllwolke. Irgendetwas in Weiß werden Sie doch haben, das zu mir passt!«, rief ich verzweifelt aus.

Donata warf mir einen eisigen Blick zu: »Es erstaunt mich, dass Sie mit unserem Angebot nicht zufrieden sind! Ich habe hier schon Damen von Welt glücklich gemacht!«

Dann erschien ein seltsames Grinsen auf ihrem Gesicht, das nichts Gutes verheißen ließ. Sehr gekünstelt juchzte sie: »Ach herrje, wie schwerfällig ich doch manchmal sein kann! Plötzlich sehe ich klar: Ihr Problem ist der Traum in Weiß! Das ist es, was nicht so recht zu Ihnen passen will!«
Sie drängelte sich in meine Umkleidekabine, wo ich nur in Schlüpfer und Bustier bekleidet stand, und flüsterte mir verschwörerisch zu: »Einige Bräute sollten nämlich nicht in Weiß heiraten!«
Vor ihrer Intimität fliehend, drückte ich mich in die Ecke: »Aha? Und … und … ähm, und warum nicht?«
Die Verkäuferin kam noch näher: »Weil sie zu viel geschnackselt haben vor der Ehe. Und das nicht mit dem zukünftigen Ehemann! Ihnen muss ich das doch sicher nicht erklären, nicht wahr?«
Ich quetschte mich noch dichter an die Wand: »Ähm, aber, ich hab aber gar nicht so viel geschnackselt.«
Sie lachte hysterisch auf: »Ach herrje, Kindchen, Sie sehen das wohl heute leider anders als wir damals. Wir hatten noch Werte. Wir konnten ruhigen Gewissens in Weiß heiraten, weil wir in der Tat noch unbefleckt waren!«
Sie kam jetzt richtig in Fahrt: »Wie die heilige Muttergottes, verstehen Sie? Nicht so wie die jungen Frauen von heute, vom Hans zum Harald in einer Nacht! Sodom und

Gomorrha ist das! Ich sehe das den Bräuten an! Es ist wie ein schrecklicher Abdruck … Wissen Sie, was das mit mir macht? Es tut mir körperlich weh, und es ist eine Schmach, solchen Personen eines meiner unschuldigen schnee-weißen Kleider verkaufen zu müssen!« Und dann fing sie an zu weinen. Die war ja komplett irre!

»Maaammaaaa??«, rief ich verängstigt. »Komm mal schnell! Ich … ich würde gerne …«, versuchte ich, mich mit letzter Kraft an Frau Pfeffersack vorbeizudrängeln, »ich würde jetzt gerne gehen!«

Da zischte mir diese, auf einmal so gar nicht ladylike, zu: »Pah! Schwarz wie ein Rabe solltest du gehen!«
Nun stand auch meine Mutter vor der Kabine.
Ich sagte auf Kroatisch: »Die Alte ist vollkommen gaga. Lass uns sofort gehen, Mama!«

Da meine Mama und die Verkäuferin nicht nur die gleiche Generation, sondern offensichtlich auch aus demselben Holz geschnitzt waren, dachte meine Mutter jedoch gar nicht daran zu gehen.
Ich begriff, dass sie mir hier weder helfen konnte noch wollte. Stattdessen stellte sie sich mit zustimmender Miene direkt neben die Verkäuferin, die offenbar unserer Kabinen-Konversation gelauscht hatte, denn sie erklärte jetzt: »Meine Mann habe ich ma mit vierzehn kennegelennt und bin isch heute noch mit te zusammen. War meine erste und wedd ma auch te letzte sein! Hat die ma nisch von mir!«
Mit »die« meinte sie offensichtlich mich … Ich ver-schluckte mich am Glas Wasser, das ich auf ex gekippt hatte.

»Was heißt hier ›die‹, hm?«, prustete ich. »Ich hatte mit vierzehn noch keinen Lover! Außerdem ist Papa zehn Jahre älter als du! Rein gesetzlich habt ihr ja wohl was ziemlich Verbotenes gemacht!«

Meine Mutter lächelte süffisant – ihrer Meinung nach zählte das natürlich nicht.

»Außerdem, Mama, habe ich nicht rumgeschnackselt!«, versuchte ich sie zu überzeugen. »Ich wusste bis zu meinem achtzehnten Lebensjahr überhaupt nicht, was das ist. Weil du es vorgezogen hast, mich nicht aufzuklären!«

Meine Mutter lachte auf und schaute die Verkäuferin rechthaberisch an: »Hab isch die ma wohl aufkeklert! Ich hab ma gesagt ›Wenn du disch obe küsst, klingelt unten das Telefon, und du gehst nischt dran!‹«

Die Verkäuferin klatschte begeistert in die Hände und jauchzte: »Herrlich! Dann war wohl dauerbesetzt?!«

Ich war fassungslos. Von wegen Telefon! Die Wahrheit war, dass mich überhaupt kein Junge von sich aus angerufen hätte. Und jetzt wurde ich von meiner Mutter, die sich mit der Verrückten verbündet hatte, als Ober-Schnackslerin abgestempelt. Aber das war nicht das Schlimmste! Schlimmer war das tiefe Gefühl darüber, dass ich mich mit dieser Hochzeit ins Verderben stürzte, weil mein Verlobter eine noch größere Schraube locker hatte als ich selbst. Ich hatte furchtbare Angst, ich könnte mich als Runaway-Bride entpuppen und in egal welchem Kleid kurz vor der Trauung abhauen …

Ich zog mich an und verschwand einfach nach Hause – unbemerkt von beiden Damen, die so in ihrem Element waren, dass meine Anwesenheit für sie keine Rolle mehr spielte.

Meine Mutter ließ sich dann von Donata ein cremeweißes Empirekleid aufdrängen: Jackie Kennedy hätte gestrahlt vor Freude – in Cremeweiß, als Tarnung für meine Unkeuschheit.

Meine Mutter versicherte der Verkäuferin noch, dass ich mich in der Ehe bessern würde. Weil beide außer Rand und Band waren über ihre Wahnsinnszusammenarbeit, hatte meine Mutter wohl aber nicht mehr auf das Etikett geschaut. Sie kam nach Hause mit einem Kleid in Größe »Petite« für Frauen unter 1,60 Meter, die – anders als ich – sehr zierlich waren.

»Donata Pfeffersack, du blöde Kuh!«, schrie ich wütend, pfefferte das Kleid im Sack unbesehen in eine Ecke und würdigte es bis zur Hochzeit keines Blickes mehr.

ANTALYA AUF DEM KOPFE

Alessandro, mein Friseur, der aus Antalya kam und eigentlich Üzgür hieß, klatschte freudig in die Hände und rief: »So, Bella, die Braut, die sich traut, darf sich jetzt anschauen!«

Ich saß vor einem goldenen Spiegel, der wie bei einer Vorher-Nachher-Show mit einem großen Tuch verhängt war. Zwei geschlagene Stunden hatte Alessandro eifrig an mir gezupft, gesteckt und gepinselt, und ich fragte mich, wie ich den Rest des Tages überstehen sollte, so fix und fertig, wie ich jetzt schon war …

Und warum spannte meine Kopfhaut, als hätte mich der Figaro in Gummizüge geklemmt?

Ein nervöses Kribbeln machte sich in meinem Körper breit.

Unruhig blickte ich auf die Wanduhr: »Ticktack, ticktack«, rückte der Zeiger vor.

Der Termin vor dem Traualtar mit Harald rückte immer näher … Nur meine kleine Schwester war noch so tiefenentspannt, als befände sie sich gerade auf einem dreiwöchigen Bali-Ferientrip. Obwohl sie sechs Jahre jünger war als ich, also noch im tiefsten Teenageralter, war sie immer schon die wesentlich Entschiedenere von uns beiden gewesen. Wenn meine kleine Schwester der Meinung war, sie brauche jetzt eine Siesta, dann nahm sie sie sich. Ob ich nun kurz vor der Trauung stand oder nicht, war ihr schnurz.

Sie hatte sich neben mir in einem Liegesessel ausgebreitet, nippte genussvoll an einem Glas Champagner und ließ sich dabei die freie Hand massieren.

Ihre Seelenruhe ging mir auf den Zeiger. »Sis, du hast jetzt wirklich keine Zeit mehr für ausgedehnte Massagen! Du solltest mir helfen und keinen Wellness-Urlaub machen. Wir müssen jetzt echt zu Potte kommen!«, ermahnte ich sie dezent genervt.

Alessandro flötete beschwichtigend: »Aber, aber! Die Braut soll sich nicht ärgern. Das gibt Falten, und Falten brauchen wir jetzt nicht! Non vedo l'ora!«, flötete er in gekünsteltem Italienisch. »Wir müssen uns doch noch anschauen, gell, du süße Braut? Ich habe mich heute selbst übertroffen. Wenn du meine Kreation siehst, bist du gleich in Hochstimmung!«, jauchzte Alessandro vor Vorfreude und kniff mir in die Wange.

»Non vedo was?«, fragte ich besorgt, und meine Schwester machte noch immer keine Anstalten, sich in Bewegung zu setzen.

Lässig neigte sie ihr Glas, schaute wie ein Sommelier bei einer Verköstigung hinein und sagte: »Sehr guter Tropfen!«

Langsam verlor ich die Contenance und nahm ihr das Glas aus der Hand. »So, Schluss jetzt, Fräulein! Ab geht's! Ich HEIRATE. Den Champagner kannst du auch später noch trinken!«

Meine Schwester maulte beleidigt: »Hauptsache, DU bist schön!« Sie erhob sich widerwillig aus ihrem Relaxsessel, und ich antwortete: »Ja, in der Tat! Hauptsache, ich bin schön. Es ist ja auch meine Hochzeit! Meine! Deswegen gehen wir jetzt auch. Und es ist mir völlig wurscht, ob du mit der Kosmetik fertig bist oder nicht!«

Volle zwei Stunden hatte sie während meines Hairstylings vor sich hin gechillt. Jetzt sah sie mich zum ersten Mal richtig an. »Ach du heilige Scheiße!«, entfuhr es ihr.

Und noch bevor ich auf ihr entsetztes Gesicht reagieren konnte, trällerte Alessandro: »So, du bist fertig, cara, bellissima! Du darfst dich JETZT anschauen!« Gesagt, getan, riss Alessandro das Tuch vom Spiegel und schrie begeistert: »Tadaaaaaaaaa! DIE BRAUT IST DAAAAA!«

Aus den Lautsprechern ertönte in voller Lautstärke »Oh Happy Day«, und ich erstarrte. Und starrte.

Aus dem Spiegel blickte mir eine Karikatur meiner selbst entgegen. Sprachlos musterte ich mich. Ich drehte den Kopf von links nach rechts und wieder von rechts nach links. Ich konnte es nicht fassen: Egal, von welcher Seite ich es auch betrachtete, es wurde nicht besser …

Da, wo eine elegante Frisur à la Holly Golightly aus »Frühstück bei Tiffany« hätte sein sollen, prangte der Schiefe Turm von Pisa aus Haaren. Alessandro hatte so viele Haarteile auf meinem Kopf verarbeitet, dass selbst Amy Winehouse zu ihren besten Zeiten neidisch geworden wäre. Ich stand unter Schock, während er verzückt in seine Hände klatschte, unter Strom wie ein »Duracell«-Hase, und in Dauerschleife rief: »Ich flippe aus! Ich FLIPPE aus!«

Ich hingegen flippte nicht aus. Ich schloss die Augen. In meinem Kopf hörte ich unaufhörlich nur das Ticktack der Wanduhr. Dann ein Dröhnen, das sich steigerte und sich zu einem Hämmern an den Schläfen ausweitete. Vorsichtig öffnete ich ein Auge und schielte auf mein Spiegelbild: Vielleicht war es ja gar nicht so schlimm? So ein erster Eindruck konnte schnell täuschen …

Er täuschte nicht. Das zweite Auge, mit dem man ja bekanntlich besser sieht, bestätigte nur den Eindruck des ersten.

Mit diesem Styling wäre ich zweifelsohne der Star der türkischen Diaspora bei einer Supermarkteröffnung in Offenbach oder Duisburg gewesen. Aber ich hatte mich doch für die Hauptrolle in »Frühstück bei Tiffany« angemeldet! Holly wollte ich sein. Holly! Und dafür wollte mir Alessandro jetzt fünfhundert Mark abknöpfen? Von dem Geld hätte ich mir auch eine schöne Perücke kaufen können!

Im Hintergrund des Salons fingen die anderen Damen bereits zu tuscheln an. Ich stotterte: »Alessandro, … was … was IST das? Ich wollte eine natürliche Hochsteckfrisur und keine exotische Haarvariation aus Tausendundeiner Nacht …«

Das Gebilde war an Künstlichkeit nicht zu überbieten. Mein Friseur hatte mehrere spaghettidünne Strähnen abgeteilt, gekringelt und mit Haarspray betoniert. Dazu steckten Glitzer- und Perlenspangen überall im schiefen Haarturm. Und nicht nur dieser war windschief – einfach alles war aus dem Lot. Der Lidstrich verrutscht, der Lipliner entgleist, das balkenartige Rouge ausgeglitten! Und als wäre das nicht schon genug Desaster für eine bevorstehende Hochzeit, hatte er auch noch mein Gesicht verunstaltet. Auf Stirn, Wangen und Kinn waren braune Flecken wie einsame kleine Inseln aufgemalt – das sollte mich wohl schmaler wirken lassen.

Aber ich sah weder elegant noch schmal aus, sondern wie eine Dragqueen! Meine Schwester, die sonst nicht so auf den Mund gefallen war, schwieg mit weit aufgerissenen Augen. So was hatte sie in ihrem Teenagerleben mit Sicherheit noch nie gesehen.

Mittlerweile hatte Alessandros Assistent, der sich bisher im Hintergrund gehalten hatte, den Ernst der Lage erkannt, vor allem, dass der Day gerade alles andere als *happy* war, und die Musik endlich ausgeschaltet. »Vielleicht bin ich ja bei ›Verstehen Sie Spaß‹ gelandet«, schoss es mir durch den Kopf.

Ich drehte mich wie in Zeitlupe zu meiner Schwester um und sagte: »Auf einer Skala von eins bis zehn – wie sehe ich aus? Ehrlich!«

Und als sie dann mit leicht entgeistertem Gesicht »Minus fünfzehn!« antwortete, wusste ich, dass alles zu spät war.

Ich atmete hörbar ein und aus und versuchte, mich zu beruhigen. Ich befühlte meine Stirn, ob ich durch den Schock vielleicht einen Fieberschub bekommen hatte, weil ich mich plötzlich wie in einer finnischen Sauna fühlte. Meine Stirn war aber alles andere als heiß, sondern nur zugeschmiert mit Tonnen von braunen Make-up-Inseln. Selbst mit Hammer und Meißel war hier nichts mehr zu retten. Und diese Betonfrisur würde leider auch dem schwersten Hagelsturm standhalten. An ein einfaches Auskämmen war gar nicht zu denken …

Alessandro atmete jetzt ebenfalls hörbar. Er war ganz und gar nicht mehr euphorisch. Zaghaft fragte er mich, während er an einer einsamen Strähne meines Haarturmes zuppelte: »Ähm, ich sehe keine Freude in deinem Gesicht?«

Meine Schwester übernahm für mich und antwortete: »Das liegt vielleicht daran, dass sie kein Gesicht mehr hat?«

Daraufhin ließ Alessandro einen Schluchzer hören, machte auf dem Absatz kehrt und lieferte uns einen dramatischen Abgang ins Separee.

In diesem Augenblick ertönte die Stimme meiner Kindergartenfreundin Nina von der Salontür: »Kuckuck, Mädels! Seid ihr fertig?« Fröhlich bahnte sie sich ihren Weg durch Föhnkabel, Frisiertische und Rollwagen zu mir, um mich und meine Schwester einzusammeln, im Gepäck mein Kleid.

»Mimiiiiii-Schatz! Avanti, avanti, der Fahrer wartet!«, rief sie und steckte, wie immer, von Kopf bis Fuß in den schicksten Designerklamotten. Nina war damals noch unverheiratet, arbeitete aber schon erfolgreich fürs Boulevard-Fernsehen und wurde daher von der gesamten Belegschaft des Friseurladens erkannt.

Sie blieb abrupt vor mir stehen, als wäre sie gerade Zeugin eines schrecklichen Verkehrsunfalls geworden. »Ach du heilige Scheiße!«, wiederholte sie die Worte meiner Schwester.

Da wusste ich, SO konnte ich nicht heiraten. Ich sah aus wie eine Vollkatastrophe …

»Nina, Hilfe! Was machen wir denn jetzt?«, war ich den Tränen nahe. Nina versuchte energisch, meinen Haarturm platt zu drücken, und konnte sich ein Grinsen nicht verkneifen. In mir kam Wut auf. »Was grinst du jetzt so, hm? Ist Grinsen in diesem Augenblick die richtige Botschaft?

Ich brauche HILFE und kein Gegrinse. Und wenn ICH jetzt keine Hilfe bekomme, dann braucht sie sicher gleich der Türke, der sich in seinem Separee verschanzt hat! Gleich geschieht nämlich ein Unglück, und dann haben wir ALLE ein Problem!«, zischte ich Nina zu.

Jetzt grinsten sowohl meine Schwester als auch Alessandros dienstbeflissener Gehilfe. In einem Film wäre die Szene zum Brüllen komisch gewesen: Um mich und den Schiefen Turm von Pisa standen drei grenzdebile Grinser, begleitet vom Geheule des Meisters aus dem Off, der nicht darüber fertigwurde, dass ich seine Kopfkunst verschmähte. Nur leider war die Situation für mich bitterernst …

»Ich kann so nicht heiraten!«, jaulte ich auf.

Meine Schwester antwortete trocken: »Was wahrscheinlich auch besser wäre …«

Nina tätschelte meinen Arm und schaute dabei meine Schwester streng an: »So! Jetzt bleiben wir mal alle cool und drehen nicht durch, okay?«

Ich versuchte wirklich, cool zu bleiben, aber bei dem sich mir bietenden Anblick war das unmöglich. Unter der dicken Schicht von Schminke wurde ich kreideweiß. »Ich bin am Rande eines Nervenzusammenbruchs! Ich kann mich nicht beruhigen«, rief ich panisch aus. »Das sollte der schönste Tag meines Lebens werden!« Ich drehte mich zu den anderen Damen im Salon um, die mich mit schockierten Gesichtern anstarrten. Dann sah ich erneut zur Wanduhr, die mit kleinen Glitzersteinchen beklebt war und über der ein Wandtattoo klebte. Fett stand da in Schreibschrift zu lesen: »Gib jedem Tag die Chance, der schönste deines Lebens zu werden!«

»Was für eine bescheuerte Ironie«, dachte ich und hörte dabei, wie sich der Zeiger der Uhr mit einem lauten »Klick« auf die Zwölf schob. »In genau dreißig Minuten fängt meine Trauung an, und ich sehe aus wie ein schlechter Witz!«

Ich schrie es fast. »Keine Rettung in Sicht! Ich ertrinke …«, hämmerte es in meinem Kopf.

Nina schubste mich unsanft aus dem Friseurstuhl: »Gut, wir sehen alle, dass es anders ist, als du wolltest, aber so schlimm ist es jetzt auch nicht!«

Das war natürlich eine glatte Lüge! Mittlerweile war im ganzen Salon betretenes Schweigen eingekehrt, und die Kundinnen versuchten, nicht in meine und Ninas Richtung zu starren oder zu grinsen. Wenigstens hielten sie sich aus der Diskussion raus …

Meine Schwester klatschte laut in die Hände und rief: »Nina hat recht, Sis, es gibt wirklich Schlimmeres als deinen türkischen Hochzeits-Style«, sie machte eine Kunstpause und legte nach: »Deine Schwiegermutter!«

Der Damm war gebrochen, und es gab kein Halten mehr. Ich jaulte laut auf, und mein gesamter Körper schüttelte sich. Die anderen Kundinnen schüttelten sich auch – allerdings vor Lachen. Und meine Schwester schob nach: »Und es passt total super zu Schwule Auge!«

Eine halbe Stunde später stand ich immer noch unter Schock und vor der Kirche. Die verschmierte Wimperntusche hatte Nina provisorisch mit einem angespuckten Taschentuch weggewischt. Sie wünschte mir alles Glück und verdrückte dabei ein paar Tränchen. Ihre Tränen waren echt: wahrscheinlich eine Mischung aus Mitleid wegen meines Aussehens und tief empfundenem Beileid angesichts meines Zukünftigen.

SCHWULE AUGE

Mein Vater erwartete mich bereits vor dem Kirchenportal. Ich hoffte, bei ihm auf Unterstützung und Verständnis zu treffen. Weit gefehlt: Schon von Weitem sah ich ihm an, dass er kurz vor einem Läppisch-Anfall stand. Etwas, das ihn immer dann überfiel, wenn er mit einer emotional schwierigen Angelegenheit konfrontiert wurde. Er bekam dann übersprungartig Lachkrämpfe, die bei seinen Schultern anfingen und von dort auf den ganzen Körper übergriffen. Es schüttelte ihn dann so sehr, als würde er von einem Erdbeben erschüttert. Leider konnten solche Anfälle weder durch ihn noch durch andere beeinflusst oder gar unterbrochen werden.

»Papa, bitte, bitte reiß dich jetzt zusammen, okay? Ich weiß, es ist nicht leicht für dich, deine Tochter zum Traualtar zu führen, aber bitte KEINE Lachkrämpfe!«

Er versuchte, mir etwas Beruhigendes zu sagen, aber als er mich musterte und das Desaster in vollem Ausmaß vor sich hatte, konnte er sich nicht mehr zusammennehmen. Leise, aber vernehmbar setzte er an: »Ah, du ...«

Genau in diesem Moment flog die Kirchentür auf, und der Pfarrer rief: »Da ist sie ja, die ...«

Und mein Vater beendete seinen Satz mit »heilige Scheise!«.

Die Hochzeitsgesellschaft war schon versammelt: Meine kroatische Verwandtschaft stieg aus rosa Reisebussen aus und sah wirklich aus, als würde sie bei einer Kennedy-Hochzeit aufschlagen. Die Balkantruppe hatte schon vor der Ankunft ordentlich vorgeglüht. Mit Sliwowitz, selbst gebranntem natürlich.

Man war in Hochstimmung und ging unter Glockengeläut ins Kircheninnere. Dort war die Luft nach wenigen Minuten derart mit Spirituosendunst angereichert, dass sich niemand traute, die Kerzen anzustecken, aus Angst vor einer Explosion. Wenn ein Deutscher »vorglühen« würde wie ein Kroate, würde er das nicht überleben.

Meine Verwandtschaft saß, weil sie so zahlreich war, zusammengequetscht auf den über und über mit weißen Blumen dekorierten Bänken. Und ich steckte, ebenfalls zusammengequetscht, in meinem weißen Jackie-Hochzeitskleid.

Dann ertönte die Orgel. Mein großer Moment.

Ich bekam Schnappatmung! Ich hatte bei Alessandro meinen Frisur-Super-GAU mit einem Glas Champagner zu viel runtergespült und darüber zu essen vergessen. Mir war so übel, dass ich befürchtete, ich würde mich noch vor dem Gang zum Traualtar entleeren … und nicht erst hinterher.

So nahm das Unglück seinen Lauf: An meinem ersten Hochzeitstag trug ich auf dem Kopf den Schiefen Turm und sah am Körper aus wie eine weiße Presswurst.

Mit wackligen Knien ergriff ich den Arm meines Vaters, und er führte mich zum Traualtar.

»Du machs groooose Scheise auf deine letzte Reise«, proklamierte er, als wäre er Ringelnatz. Auch mit kleinen Kniffen in den Arm war er nicht dazu zu bewegen, es zu unterlassen.

Meine Mutter saß ganz vorne und hatte durchgängig Heulkrämpfe, so richtige Balkanheulkrämpfe, die sie zu unterdrücken versuchte. Es funktionierte null – nicht mal der liebe Gott könnte einen Balkanheulkrampf unterdrücken. Ich glaube, diesmal wollte sie sich wirklich umbringen.

Als mein Vater mich dann vorne beim Pfarrer abgegeben hatte, wollte er meine Hand nicht mehr loslassen. Er beendete seinen Ringelnatz-Moment mit Blick auf meinen Bräutigam mit: »Ah – Schwule Auge!«
Erschöpft von seiner Darbietung, suchte er seinen Platz auf der Bank und setzte sich dabei versehentlich auf den Schoß meiner Mutter.
Ab da war es eigentlich vorbei. Es war nichts mehr zu machen. Er bekam den Lachkrampf seines Lebens. Er hörte gar nicht wieder auf. Es war ein richtiger Anfall und sein Lachen hallte durch den ganzen Kirchensaal.

Da saß also in der ersten Reihe so ein kleiner Mann und schüttelte sich. Mein Vater ist mit seinen 1,60 Meter so klein, dass er aussieht wie ein Schuljunge mit einem angeklebten Schnurrbart. Neben ihm dann meine heulende »Isch-kann-misch-auch-ma-umbringen«-Mutter und neben ihr meine kleine Schwester, die, was sie supercool fand, eine riesige Sonnenbrille mit aufgeklebten Strass-Steinchen trug und Kaugummi kaute. Hinter diesem Trio Infernal saß meine gesamte vorgeglühte kroatische Verwandtschaft und stimmte in den Lachanfall meines Vaters mit ein.

Genau dann setzte »Oh Happy Day!« ein. Es war aber nicht so wie geplant der Gospelchor, der das Lied anstimmte, sondern Volker.

Volker war Haralds BFF, sein Trauzeuge, der bei der freiwilligen Dorf-Feuerwehr die Drehleiter bediente und tiefstes Hessisch sprach. Noch bevor ich realisieren konnte, dass Schwule Auge sich extra für die Hochzeit eine Dauerwelle mit blonden Strähnen hatte machen lassen – zusammen mit Volker, der die gleiche Haarpracht trug –, spürte ich, wie der Reißverschluss meines Kleides den Geist aufgab. Mein Körper schälte sich wie eine Banane – und in Slow Motion – ganz unkeusch aus dem cremefarbenen Brautkleid. Ich schloss die Augen und schickte ein Stoßgebet in den Himmel: »Bitte, bitte, nicht *das* auch noch!« Der Himmel antwortete mir prompt, indem er mir eine Fata Morgana erscheinen ließ. Oder besser gesagt: Donata Pfeffersack! Sie stand plötzlich wie ein Geist an der Kanzel und predigte mit erhobenem Zeigefinger zu mir herunter: »Sodom und Gomorrha ist das! Es ist wie ein schrecklicher Abdruck … Weißt du nicht, was das mit mir macht? Es tut mir körperlich weh, und es ist eine Schmach, solchen Personen wie diiiiiir eines meiner unschuldigen, schneeweißen Kleider verkauft haben zu müssen!« Aber kurz bevor sie sich mit »Raus aus meinem Kleid!« in Rage schrie, stimmte der Organist die Orgel an, und Volker sang inbrünstig und in bestem Hessisch: »Oh häbbi deeei, oh häbbi deeeei, hie wascht her Reißverschluss awei!«

So kam es, dass meine Trauung mit Schwule Auge hinten ohne vollzogen wurde. Und – wie sich ziemlich schnell zeigen sollte – auch vorne ohne. Ohne Zukunft nämlich, denn die Ehe hielt, wie Sie ja schon wissen, in etwa genauso lang wie der Reißverschluss meines Kleides.

In einem musste ich Donata Pfeffersack allerdings recht geben: Es braucht eben langjährige Erfahrung und einen unfehlbaren Geschmack, um das Richtige auszuwählen.

WENN DER POSTMANN
ZWEIMAL KLINGELT

Dass meine Verbindung mit Schwule Auge unter keinem guten Stern stand, war allen Beteiligten – inklusive mir – auch schon vor meiner ereignisreichen Hochzeit klar. Aber damit im Nachhinein auch ja keine Zweifel aufkommen, hat das Universum mir eine kleine Anekdote durch einen Postboten geschickt.

Genau zwei Monate nach meiner Eheschließung erhielt ich das Angebot, eine Braut zu spielen – das Gesetz der Anziehung funktioniert immer! Dass der Film nicht nur von einer Hochzeit handelte, sondern vor allem von einer Scheidungsschlacht, muss ich nicht erwähnen, das haben Sie sich sicher schon gedacht. Der Himmel hing also nicht voller Geigen, sondern voller Zeichen.

Die Kostümbildnerin hatte Wind davon bekommen, dass ich zufälligerweise gerade geheiratet hatte, und dachte sich wohl »Bingo Ingo, da spare ich mir die Kohle und frage die Mimi, ob sie nicht ihr eigenes Brautkleid für den Film zur Verfügung stellen kann«.

Wie das Leben so spielt: Inzwischen saß dieses perfekt und sah auch richtig hübsch aus, denn meine Mutter hatte darauf bestanden, das teure und zu enge Kleid auf Vordermann zu bringen. Für den Fall der Fälle. Und für diesen wollte sie kein weiteres Brautkleid kaufen, weshalb sie es ihrer polnischen Kollegin Jolantha zur Änderung gegeben hatte. Falls ich doch noch mal den Richtigen heirate – einen Kroaten zum Beispiel!

»Aber Mama, wie kannst du so was sagen? Ich bin frisch verheiratet, und du redest nicht nur von Scheidung, sondern auch von der nächsten Hochzeit? Sind wir auf einem arabischen Basar oder was?«

Meine Mutter seufzte tief und sagte: »Besser wäre ma ein Arabe gewese, dann misste nichte te Papa und isch die Hochzeit alleine bezahle! Rischtisch peinlisch! Von de zwanzigtausend Mark, die dein Hochzeit gekoste hat, kennte isch mir ma die ganze Mund mit Goldkrone vollstopfe!«, jammerte meine Mutter.

Die Kostümbildnerin schien da eine ähnliche Einstellung wie meine Mutter zu haben. Bei unserem ersten Telefonat säuselte sie ins Telefon: »Also erst mal aaaaaalles Gute zur Hochzeit, mögest du mindestens fünf Jahre schaffen«, dann lachte sie schrill in den Hörer, »aber wie lustig ist das bitte, dass du ausgerechnet eine Braut in einem Scheidungsfilm spielst, oder?«

Ich machte eine kleine Denkpause, weil ich kurz überlegte, ob sie mich verarsche, und sagte dann: »Ähm, ja. Superlustig!«

Sie führte den Feldzug weiter, auf dem Weg zum gewünschten Ziel: »Du hast bestimmt sehr schick ausgeschaut in deinem Kleid. Von welcher Marke ist es denn? Vielleicht kann man es nachnähen lassen?«

Ich überlegte angestrengt. »Ich weiß es nicht, also ich kenne mich nicht so gut aus mit Marken … Ehrlich gesagt hat es meine Mutter für mich gek…«

Sie unterbrach mich: »Prima! Ach, wie süß! Die Mutti! Und du könntest es uns doch sicher zur Verfügung stellen, stimmt's?«

Ich stutzte und wusste nicht, was ich darauf antworten sollte. Sie hakte noch mal nach: »Also, ja oder ja?«

Und da war es wieder, mein *Disease to Please*. Ich hörte meine Stimme aus meinem Mund kommen, der wie von alleine ein »Ja!« formte und noch ein »Klar!« dahintersetzte.

Die Kostümbildnerin hatte eindeutig ihr Ziel erreicht und hauchte begeistert ins Telefon: »Ach, wie schön, Schätzchen, pack es doch bitte gleich in ein Packet und schicke es uns, wir bezahlen dann hier das Porto.«

Ich war unsicher: »Das geht? Nicht, dass was schiefläuft?«

»Ach, papperlapapp, was soll denn da schieflaufen? Es ist die Deutsche Post und kein arabischer Basar!«

Hatte ich das mit dem arabischen Basar nicht schon mal gehört? Das hätte mich stutzig machen sollen!

Aber da ich mit fünfundzwanzig immer noch wirklich alles glaubte, was man mir sagte, machte ich es einfach. Ohne meine Mutter zu fragen selbstverständlich.

Jolantha hatte das Kleid wirklich schön hergerichtet. Sie hatte zwar noch hier und da ein bisschen polnischen Charme reingebracht, indem sie hellrosa Glitzerblumen ans Oberteil gestickt hatte, und am Saum war plötzlich Spitze, aber irgendwie gefiel es mir besser als vorher. »Macht sich bestimmt auch schön vor der Kamera«, dachte ich mir. Also packte ich das Kleid in einen Karton und den Schleier gleich dazu und schickte es – unfrankiert – an die Dame aus der Kostümabteilung.

Als das Kleid nach zehn Tagen immer noch nicht da war, wurde ich langsam nervös. Bei der Post sagte man mir, es sei laut Schein immer noch in der Auslieferung – und dort blieb es auch Wochen später: in der Auslieferung.

Angekommen ist es nie …

Im Film trug ich schließlich einen Monsterschleier und ein anderes Kleid. Die Kostümbildnerin meinte zu dem Vorfall nur: »Ach herrje, so ein Pech!«, und: »Normalerweise schickt man so teure Dinge nie unfrankiert! Man weiß ja nie!« Ich hatte noch sehr lange Albträume, dass meine Mutter irgendwann mal nach dem Kleid fragen würde und ich ihr sagen müsste: »Es ist in der Auslieferung …«

Jahre später war ich selbst Mutter einer entzückenden Tochter und gerade dabei, sie von einem Kindergeburtstag abzuholen.

Während die Kinder noch tobten, stand ich in der Küche der Eltern und war gerade im Begriff, mir ein großes Stück Geburtstagstorte in den Mund zu schieben, als mein Blick an einem Hochzeitsfoto am Kühlschrank kleben blieb.

Die Mutter des Geburtstagskindes sagte: »Toll sah sie aus, oder? Gibt doch nichts Schöneres als eine schöne Braut!«

Ich nahm die Kuchengabel wieder vom Mund, stellte den Teller ab und ging näher zum Bild. Eindeutig! Das waren Jolanthas Glitzerrosen auf meinem Hochzeitskleid. Ich konnte es nicht fassen!!! Die Mutti plapperte munter weiter: »Schade nur, dass heute nix mehr für die Ewigkeit ist!«

Ich stammelte: »Wer … wer ist das auf dem Bild?«

»Meine Schwester ist das. Die Hochzeit ist schon 'ne Weile her. Und: Surprise, surprise – sie hat sich gerade scheiden lassen. Aber ich finde das Kleid so wunderschön, sie sieht aus wie Jackie Kennedy, nicht wahr? Und deswegen lasse ich es noch ein bisschen hängen!«

»Aha«, murmelte ich und war immer noch fassungslos, »und warum hat sie sich scheiden lassen?«

»Ihr Ex ist Postbote!«, sagte sie bedeutungsschwanger.

Ich verstand nicht ganz und stammelte: »Und das war der Scheidungsgrund?«

»Tja, wie es halt so ist mit den Postboten«, antwortete sie und deutete auf den hellblonden Bräutigam, »bei ihm stimmte leider das Klischee.«

»Welches Klischee?«, wollte ich wissen.

Sie grinste und flüsterte mir verschwörerisch zu: »Er hat nicht nur die Briefe ausgeliefert, sondern auch sein Erbgut! Meine Schwester hat das irgendwann rausgefunden, weil die letzte Dame, die er beschlafen hat, die Frau von ihrem Chef war. Na ja, richtig blöde Geschichte, aber ich fand den ja nie ganz koscher, meinen Schwager. Ich glaube, der hatte 'ne Menge Dreck am Stecken!«

Das glaubte ich auch! Ich starrte immer noch auf das Bild und schüttelte langsam den Kopf. Ich konnte es einfach nicht fassen ... Die Kindsmutter drückte mir den Teller mit der Torte wieder in die Hand und sinnierte: »Ich an ihrer Stelle hätte das Kleid verkauft! Wäre wenigstens noch was bei rumgekommen!«

Ich wurde hellhörig und fragte: »Was ist denn mit dem Kleid passiert?«

Daraufhin kam sie ganz nah und flüsterte: »Sie hat es verbrannt, auf einem Scheiterhaufen, mitsamt all seinen anderen Sachen.«

Ich wiederholte debil: »Verbrannt …?«

»Ja, wie so eine irre Hexe hat sie sich benommen! Ich hätte es, wie gesagt, ja verkauft, aber meine Schwester war der Meinung, das Kleid wäre ein Unglückskleid und sie wolle es an keine andere Braut weitergeben!«

Ich fühlte mich richtig ertappt, obwohl ich wirklich nichts für den Diebstahl oder den Beischlaf konnte. »Na ja, vielleicht lag es eher am Ehemann als an dem armen Kleid. Aber jetzt, da es zu Staub und Asche geworden ist, kann es ja niemandem mehr schaden …«

Wir standen noch eine Weile in der Küche, und als die Gastgeberin sich dann ins Wohnzimmer bewegte, machte ich das, was der betrügerische Postbote mit meinem Kleid gemacht hatte: Ich ließ das Foto mitgehen. Ich steckte es in meine Handtasche und verdünnisierte mich sehr schnell mit meiner maulenden Tochter, die gar nicht verstand, warum wir jetzt so schnell gehen mussten.

Falls meine Mutter mich irgendwann doch fragen sollte, was mit dem Kleid passiert war, könnte ich jetzt zumindest behaupten, ich hätte es verkauft. Für sie, damit ich ihr das Geld zurückgeben kann. Schlau, oder? Und so schlau vom Universum!

Sie darf einfach nur nie dieses Buch lesen …

WEGGEWISCHT

Ich möchte Ihnen etwas erzählen, was ich bisher noch niemandem erzählt habe. Nicht, weil ich mich dafür schäme (das mit der Scham habe ich schon lange aufgegeben), sondern weil es einfach so tief in meiner Vergangenheitskiste vergraben war, dass ich es schlichtweg vergessen hatte. Doch diese Geschichte hat etwas mit unserem Thema, dem Glauben an die große Liebe, zu tun, und deswegen ist sie mir wieder eingefallen.

Vor vielen Jahren hat mir das Universum nicht nur den Postboten geschickt, sondern auch beschlossen, dass ich bereit bin für die nächste Lektion. Und dieses Mal, handelte es sich um eine größere Nummer. Ich war nämlich nach meiner Ehe mit Schwule Auge bereits seit ein paar Sommern mit einem anderen Mann zusammen und ging – so naiv, wie ich war – davon aus, dass ich das auch bleiben würde.

Das Universum aber hatte einen anderen Plan und hat mir – zappzarapp – einfach den Boden unter den Füßen weggezogen. Der berühmte Dominoeffekt setzte ein.

Vermeintlich große Liebe weg, Geld weg, Haus weg, Job weg. Alles weg. Ich habe auch in dieser Beziehung alle Vorzeichen des Himmels ordnungsgemäß ignoriert und stand deswegen über Nacht mit einem Köfferchen und einem kleinen Mädchen, nämlich meiner Tochter, vor dem Haus meiner Eltern und zog wieder in mein altes Kinderzimmer ein.

Ich liebe meine Eltern wirklich sehr, aber mit Mitte dreißig war die Vorstellung von einem perfekten Leben sicher nicht mein Kinderzimmer. Und das galt umgekehrt auch für meine Eltern. Diese hatten sich, seitdem ich ausgezogen war, selbstverständlich auch in meinem Kinderzimmer breitgemacht. So stand auch auf deren Bucket List mein Wiedereinzug nicht ganz so weit oben …

Meine Tochter fand das ganze Unterfangen anfangs super-toll: Oma und Opa 24/7: der Traum eines jeden Kindes! Aber bald hatte auch sie verstanden, dass wir nun dort wohnten und nicht nur zu Besuch waren. Als es in ihrem Kopf »Klick« gemacht hatte, wollte sie dann doch lieber wieder nach Hause. Nur dass es dieses »Zuhause« nicht mehr gab …

Im Nachhinein weiß ich nicht mehr, was anstrengender war: der Versuch meiner Eltern zu verstehen, warum ich plötzlich wieder mein altes Kinderzimmer bewohnte, mein Versuch, es ihnen zu erklären, oder unsere wechselseitigen Bemühungen, das alles einer Siebenjährigen zu verklickern.

Ich fühlte mich wie die Hauptdarstellerin in einem C-Movie – pleite, verlassen und unfreiwillig komisch. Mehr schien mir das Universum nicht bieten zu wollen als diese Melange aus Kinderzimmer und null Euro auf der hohen Kante. Und wie immer, wenn ich eh knapp bei Kasse war, war meine Ausstrahlung auch knapp bei Kasse, und die Filmangebote blieben aus. Meine Eltern anzupumpen, hätte mich in die Katakomben des niedrigsten Selbstbewusstseins der Welt katapultiert. Und da wäre ich auch so schnell nicht wieder rausgekommen … Also brauchte ich in dieser Misere wenigstens einen Job!

Schließlich war es meine Mutter, die die zündende Idee hatte: »Isch hab ma von de Frau Schrede gehört, dass de ma eine Ausbildungsstelle habe in de Lidl, das ma schene Arbeit!«

»Mama, ich möchte keine Ausbildung machen, ich habe ja schon einen Beruf! Ich brauche nur vorübergehend einen Job …«

Meine Mutter verdrehte die Augen und schnaubte: »Was da fia Beruf? Wie kann das ma eine Beruf sein, wenn du in de Beruf nix arbeites?«

Darauf wusste ich so spontan auch nichts zu antworten und starrte – mehr verzweifelt als trotzig – aus dem Küchenfenster.

Meine Mutter ärgerte sich. Sie hätte mein Leben lieber in geregelten Bahnen gesehen. Geräuschvoll klopfte sie das vor ihr auf dem Küchentisch liegende Stück Fleisch platt.

»Mama, ich brauche das wirklich nur vorübergehend, das bleibt ja so nicht für immer«, hob ich verlegen an. Sie klopfte noch unsanfter auf das arme Schwein.

Ich murmelte: »Ich weiß, du siehst das jetzt nicht, aber ich werde irgendwann mal die große Karriere hinlegen und mir um nichts mehr Gedanken machen müssen. Und irgendwann kaufe ich Papa und dir ein Haus!«

Meine Mutter hielt inne und schaute mich an, als sei ich gerade aus der Psychiatrie ausgebrochen: »Hauptsache is, dass du ma nisch unser Haus verkaufst!«

Ich runzelte die Stirn: So schlecht war ich jetzt auch nicht! Ich versuchte, mich nicht auf ihre Bad Vibes einzulassen. Stattdessen zupfte ich die braunen Blätter vom Basilikum und versuchte es erneut: »Fällt dir nicht wenigstens ein Job ein, den ich machen kann?«

Bevor meine Mutter antworten konnte, klingelte ihr Telefon, und sie ging ran. Sie beendete das Gespräch mit »Ja, kenn isch ma, eine riiiiischtisch Fleißische!«, und schaute mich dabei an.

Und so kam es, dass ich Putzfrau wurde. Und keine Ausbildung bei Lidl machte. Bei der japanischen Familie, für die ich nun sauber machte, hatte eine Cousine meiner Mutter gearbeitet, und die hatte die Kasse voll vom Putzen und verschwand zurück in die Heimat. Also bekam ich den Job.

Die japanische Familie war riiischtisch reich, zahlte gut und hatte keine Ahnung, dass die Frau, die ihre Toiletten putzte, ab und zu mal über die Mattscheibe flimmerte. Weil sie nämlich nur japanisches Fernsehen schauten. Ziemlich schnell hatten sie aber begriffen dass ich die beste Putzfrau war, die sie je gehabt hatten.

Ich liebte diesen Job! Ich rutschte über den Boden, sortierte alles um, wischte den Staub weg, bügelte, wusch, faltete die Wäsche und ENTFALTETE mich dabei. Beim Putzen vergaß ich komplett, in was für einer Misere ich eigentlich steckte, und machte die süße, very rich Japanese family dabei sehr happy.

Wann immer ich vor einem Fenster stand, das ich gerade wie im Werbefilm streifenlos sauber bekommen hatte, oder vor dem Inhalt des adretten Kleiderschranks, den ich nach Farben sortiert hatte, bildete ich mir ein, alles gehöre mir und dass ich mit meiner Bilderbuchfamilie und meinem Bilderbuchehemann in genau diesem Bilderbuchhaus wohnte. Und diese Fantasien setzten so viele

Glückshormone in mir frei, dass ich jedes Mal voller Vorfreude zu diesem Putzjob ging. Ich freute mich auf die sofort sichtbaren Resultate meines Sauberkeitsfimmels, auf die Ausflüge in meine Fantasiewelt und natürlich auf das Bargeld, mit dem ich bald wieder was Eigenes würde mieten können.

Wenn niemand im Haus war, sprach ich sogar laut mit dem Mann meiner Träume. Während ich putzte, hatte ich überhaupt keinen Zweifel daran, dass alles so kommen würde, wie es in meinem Kopf bereits war. Und ich sollte recht behalten! Auch wenn ich bis dahin noch ein paar klitzekleine Umwege würde gehen müssen …

Jetzt stellen Sie sich mal vor, ich hätte diesen Job nicht gemacht. Wenn ich mir zu fein dafür gewesen wäre, weil ich ja eigentlich Schauspielerin war, oder aus Angst, erkannt zu werden, nicht sofort zugesagt hätte. Ich hätte sicher viel länger bei meinen Eltern wohnen müssen und hätte nicht das nötige Kleingeld zusammenbekommen, um in das kleine Hexenhäuschen gegenüber zu ziehen. Ich blieb in ihrer Nähe, und sie unterstützten mich ein klitzekleines bisschen beim Wiederaufstehen, aber wir hockten nicht mehr aufeinander und hatten allesamt wieder Luft zum Atmen.

Das Haus war winzig, doch es war ein Haus: eine eigene Bleibe für mich und meine Tochter. Und weil ich durch diese Veränderung einen Riesenschwung an positiver Ausstrahlung bekam und aufhörte, wie eine vertrocknende Primel auszusehen, wieder lächelte und Hoffnung hatte, kamen endlich die Jobs reingepurzelt.

Zwei Monate nach meinem Einzug in das Häuschen zog die japanische Familie weg. Sie waren genau so lang da gewesen, wie ich sie gebraucht hatte. Hinterlassen hatten sie mir als Erinnerung inspirierende Tagträume und intensive Gespräche mit meinem Mr Big. Otto muss zu dieser Zeit Unmengen an Schluckauf gehabt haben.

Die folgenden Jahre bin ich dann noch ein-, zweimal, na ja gut, vielleicht sogar dreimal gestolpert … zum Beispiel über einen Italiener. Sie erinnern sich an meinen Luigi aus San Marino? Den aus meinem letzten Buch über die Selbstentfaltung? Gestolpert bin ich vielleicht über Luigi, aber gefallen bin ich nie wieder! Weil ich wusste, dass ich alles könnte, wenn es darauf ankäme. Selbst putzen! Das werde ich immer können, wenn alle Stricke reißen. Und ich kann träumen. Das werde ich immer tun, wenn die Realität mich mal wieder zwickt. Es stimmt nämlich, was Walt Disney einmal gesagt hat: »If you can dream it, you can do it!« Alles, was ich mir damals beim Bodenwischen zusammengeträumt habe, ist wahr geworden. Und alles, was ich kann, können Sie auch. Alles!

FIESTA MEXICANA

Dass ich auch mit Luigi verlobt war, wissen Sie ja bereits, aber nicht, wie um Himmels willen es zu diesem Verlobungsunglück gekommen ist … Meine Freundinnen Nina und Stella hatten ein Schweigegelübde abgelegt: In der Zukunft nie mehr ein Wort über diese Verlobung! Aber Sie und ich sind mitten in diesem Buch gelandet, und nun erzähle ich es Ihnen doch.

Auf meiner holprigen Suche nach Otto hatte ich mir Luigi mit seinen schwarzen Bilderbuchlocken angelacht. Neben seiner Haarpracht besaß er sehr viel Eigenliebe und noch mehr Liebe zu anderen Frauen.

Die Erinnerung daran treibt mir bis heute die Tränen in die Augen. Nur dass es keine Freudentränen sind …

Warum ich dennoch »Ja, ich will!« gesagt habe, können wahrscheinlich nur gut geschulte Psychoanalytiker beantworten.

Luigi und ich waren erst ein paar Monate zusammen, da musste ich feststellen, dass er ein äußerst bindungsfreudiger Typ Mann war. Und zwar derart, dass er ständig neue Verbindungen einging. Ich hätte mich wahrscheinlich glücklich schätzen sollen, einen so beliebten Typen abgegriffen zu haben, der mich dazu noch als Hauptfrau auserkoren hatte.

Und als Luigis Nummer eins sollte ich Tugendhaftigkeit in die Beziehung einbringen, denn teilen wollte er *mich* keinesfalls.

Für ihn als Mann sei das eben grundsätzlich etwas anderes. Er könne da trennen! Er sei einfach ein neugieriger Mensch, und für ihn seien das nur schöne Momente, Begegnungen, nichts weiter. Lieben würde er »ovviamente« nur mich! Begriffsstutzig, wie ich war, leuchtete mir das Prinzip absolut nicht ein. Da habe ich eben Schluss gemacht. Rums!

Eine Woche vor Heiligabend. Am Telefon.

Durch den Hörer legte Luigi einen theatralischen Nervenzusammenbruch hin. Er schluchzte, er zeterte und atmete so laut ein und aus, dass ich kurz das Gefühl hatte, sein letztes Stündlein hätte geschlagen. Die Schauspielerin in mir war kurz davor, begeistert »Zugabe« zu rufen. Aber ich wollte an seinem bühnenreifen Ende natürlich nicht schuld sein. Also fragte ich stattdessen besorgt: »Luigi? Oh, Gott – alles klar bei dir?«

Schluss wollte ich natürlich schon machen, nur nicht mit seinem armen Leben.

Von meinem Mitleid angespornt, gab er jetzt richtig Gas: »Bella, Bellissima, wie kann ich ohne dich leben?«, heulte er Rotz und Wasser durch die Leitung.

Ich überlegte kurz, wie ich am besten antwortete. »Also ich weiß nicht, Luigi, vielleicht rufst du mal Agneta an, oder wie hieß die andere noch mal … Petra? Ja! Ruf doch Petra an, die schien doch so nett zu sein!«

Darauf jaulte er so laut auf, dass ich den Hörer vom Ohr weghalten musste. »Ich will niemanden anrufen! Ich will nur dich! Nur dich, dich, dich!« Er steigerte sich immer weiter in seinen Auftritt hinein und rief: »Meine Mimi, meine Sonne, mein Stern, mein Alles!«

Vielleicht hatte er sich Adriano Celentano aus »Gib dem Affen Zucker« zum Vorbild genommen. In dem Fall wäre ich Ornella Muti. Und während ich kurz über die Muti nachdachte, fiel mir ein, wen er noch anrufen könnte: »Ich hab's, Luigi! Ruf deine Mutti an!« Die würde sich sicher über unsere Trennung freuen und ihn liebend gerne über mich hinwegtrösten.

Aus dem Telefon hallte mir jetzt ein Schwall italienischer Ausdrücke entgegen. Das Heulen wurde wieder lauter. Ich nahm an, dass er fluchte und seine Mutti nicht anrufen wollte.

Ich versuchte, ihn zu beruhigen: »Aber du willst doch gar nicht nur mich, hm? Es ist immer gut, seinem inneren Ruf zu folgen, und dich rufen halt viele Frauen, Luigi!«

Ich wollte wirklich keine große Nummer aus meiner Trennung machen und hatte keine Lust mehr auf sein Drama. Zu deutlich hatte ich Ninas Satz im Ohr: »Bis einer heult, Mimi, und das wirst nicht DU sein. Und ich prophezeie dir, danach klebt er dir am Arsch wie Sekundenkleber!«

»Du, Luigi, ich muss jetzt wirklich los. Ich muss noch ein paar Weihnachtsgeschenke besorgen, und es fängt gerade an zu schneien. Du weißt ja, ich kann auf Schnee nicht so gut Auto fahren.« Luigi antwortete nicht. Er machte eine lange Pause. Ich fragte: »Bist du noch da?«

Merkwürdigerweise hatte er sich innerhalb weniger Sekunden wieder eingekriegt und antwortete verdächtig gefasst: »Das war noch nicht das letzte Wort, Bellissima, ich werde das nicht akzeptieren! Aber bene, ich lasse dich jetzt gehen, ich werde dein Leben nicht im Schnee gefährden! Aber ich komme wieder, mein Stern!« Und dann legte er auf.

Ich hörte nur noch ein Tuten. Mir dämmerte es, dass Nina mit ihrer düsteren Prophezeiung recht behalten sollte. Der Italiener hatte nicht so geklungen, als ob er die Niederlage einfach so wegstecken würde.

Am selben Abend hatte Stella zum Gänseessen in unser Lieblingsrestaurant in der Kronberger Altstadt geladen. Natürlich tischte ich sofort meine Schlussmachgeschichte auf. Nina tupfte sich mit der Serviette die Mundwinkel ab: »Wie lange wart ihr zusammen? Gefühlte anderthalb Tage? Und wie oft hat er dich betrogen? Zwanzig Mal?«

»Ja, kommt hin«, schnaubte ich, wütend vor allem über mich selbst, »aber für ihn war das ja kein Betrug! Weißt du doch, es waren alles nur schöne Begegnungen!«

»Wie war die Geschichte mit Agneta noch mal? Hast du ihn nicht in flagranti erwischt?«, hakte Stella nach.

»Ach, Mädels, sparen wir uns die ollen Geschichten lieber! Ich will uns nicht den Appetit und die schöne Vorweihnachtsstimmung verderben!« Ich nahm einen Bissen Gans. »Das muss man sich mal vorstellen: Erst betrügt er mich mehrmals, und dann fällt er aus allen Wolken, dass ich Schluss mache!«, konstatierte ich.

Nina sinnierte: »Typisches Verhalten bei narzisstischer Persönlichkeitsstörung. Das können die nicht ab, die drehen durch, wenn sie verlassen werden.«

Stella hob ihr Glas: »Cheers, meine Süße! Der Mann musste weg! Ich bin stolz auf dich. Bei Anruf ›Aus!‹.

Richtig, dass du am Telefon mit ihm Schluss gemacht hast …«

Nina schob ein: »Auf die Gepflogenheiten der Achtziger, Kinder!«

Ich zuckte etwas hilflos mit den Schultern: »Eigentlich finde ich es traurig. Seit einiger Zeit schon beobachte ich, wie sich die Gesellschaft verändert und die Romantik nach und nach verloren geht …«

Just in dem Moment flog die Tür der Gastwirtschaft auf, und es rauschten zwei Männer mit Gitarren und Sombreros herein. Sie sangen mit schriller Stimme und verstimmter Gitarre ein keiner Sprache zuordenbares Lied.

Die anderen Gäste hörten auf zu essen und schauten fasziniert zur Tür, in Erwartung der folgenden Darbietung.

Die Darbietung hieß Luigi. Er sprang mit kleinen Hüpfern durch den Gastraum, dicht gefolgt von zwei weiteren Gitarristen in mexikanischen Trachten. Vor unserem Tisch kam er zum Stehen. Ich ließ die Gabel fallen … Jetzt stimmten die Mariachi die Schnulze »Bésame mucho« an. Stella klatschte in die Hände und rief lauthals: »Ándale, ándaleee! Da hast du deine Romantik, Mimi!«

»Wir nutzen jede Gelegenheit, um eine Serenata vorzusingen, gibt es Schöneres, als Liebenden ein Ständchen zu bringen?«, erklärte uns jetzt der Obermexikaner. Dann brachte er mit einer resoluten Handbewegung und einem »Basta!« den Rest der Gruppe zum Schweigen. Nach einer Kunstpause kam Luigi, aufgeplustert wie ein Gockel, auf mich zu und schob unseren Tisch beiseite. Dann kniete er vor mir nieder wie in einem Ritterfilm und schnipste laut mit den Fingern.

Stella bekam einen prompten Lachkrampf und klopfte sich auf die Schenkel. Nina sagte im Dauerloop »Ohoh, ohoh«, und ich schüttelte in Zeitlupe den Kopf und flüsterte: »Das macht er jetzt nicht!«

Aber genau das machte er.

Luigi fing mit geschwellter Brust »Ne me quitte pas« von Jacques Brel zu singen an, und Stella kreischte vor voyeuristischer Freude so laut, als hätte sie gerade unseren Dorfpfarrer beim Sex erwischt.

Die restlichen Gäste wussten nicht, ob sie Stella unterstützen oder vor Fremdscham einfach unter die Tische kriechen sollten. Luigi übersetzte: »Nein, verlass mich nicht und was war, vergiss. Wenn du kannst, vergiss. Wer läuft denn schon fort? Und vergiss die Zeit unserer Irrungen und Verwirrungen, wer weiß schon, warum? Und vergiss die Stund, die fragt nach dem Grund, warum sterben muss, ein Herz bereit zum Kuss.«

Ein Italiener mit Sombrero sang ein französisches Chanson in einem deutschen Wirtshaus, und die Darbietung war kaum auszuhalten. Ich wunderte mich, dass die Gäste nicht davonliefen. Mich hätte nicht mal überrascht, wenn die tote Gans sich mit letzter Kraft vom Teller erhoben hätte und fortgeflogen wäre …

Aus meiner Schockstarre erwacht, versuchte ich, Luigi und der Band klarzumachen, dass jetzt der Moment gekommen war, sich zu schleichen. Aber zack, zack! »LUIGI! Mir reicht's! Jetzt ist Schl…!«, fauchte ich.

Schnell legte er mir seinen Zeigefinger auf den Mund

und sagte: »Schhhh, schhhh. Bella, nein, es ist noch nicht Schluss. Es ist erst der Anfang. Ich habe alles verstanden, ich werde alles tun, was du von mir willst, Bella. Keine Agnetas und Petras mehr. Keine schönen Begegnungen. Amore! Nur noch du und ich!«

Im Restaurant war es jetzt mucksmäuschenstill, niemand atmete. Jeder dachte sich »Bestimmt wird sie ›Ja‹ sagen ... sie liebt ihn doch ... ganz sicher ...«, und alle Augen waren auf mich und Luigi gerichtet. Die Handykameras waren gezückt.

Ich erstarrte. Meine Nerven lagen blank. Ich hatte das Gefühl, das viele Adrenalin würde mich gleich zum Platzen bringen. Luigi holte tief Luft: »Ich wollte für diesen unvergesslichen Moment ein richtig romantisches musikalisches Ambiente schaffen. Also dachte ich: Schnapp dir deine Gitarre und geh, spiel der Frau, die du liebst, eine Serenata. Denn ich muss dir jetzt die Frage aller Fragen stellen!«

Ich fühlte, wie mir die Tränen in den Augen standen. Die Frage aller Fragen? Die Frage, auf die ich nicht »Nein« sagen konnte? »Ich bin verloren ... Universum steh mir bei!«, dachte ich noch.

»Mimi, Bellissima, willst du meine Frau werden?«, echote es in meinem Kopf.

Und noch ehe Stella oder Nina oder die Kellner mir den Mund zuhalten konnten, hörte ich mich die drei fatalsten Worte sagen, die der Herrgott je erfunden hat:

»Ja, ich will!«

WIE DER ANTRAG
EINES MANNES ...

Die Gäste im weihnachtlich dekorierten Restaurant klatschten begeistert. Der Chef rückte meinem frisch Verlobten einen Stuhl heran und zündete die rote Kerze auf unserem Tisch an. Das »Ja, ich will« hallte noch wie ein Unheil bringendes Echo durchs Restaurant.

Luigi strahlte unbekümmert über beide Ohren. »Ist unser großer Moment!« Sprach's und kramte aus der Hosentasche einen Ring hervor. Er klappte das Schmuckkästchen auf und darin: nichts?!

Ich starrte auf die Schachtel und erst nach längerem Fixieren konnte ich einen schmalen Goldring ausmachen. So dünn, so schmal und so klein war er, dass er selbst einem Kind zu klein gewesen wäre. Luigi schaffte es immer wieder, mich sprachlos zu machen …

»Schön, oder? Eine Sonderanfertigung nur für dich!«, hauchte er und machte verliebte Augen.

»Sonder-Sparanfertigung, blöder Geizhals!«, dachte ich noch. Da hatte mein Verehrer schon blitzschnell nach meiner Hand gegriffen und mühte sich verzweifelt ab, mir den Ring über meinen Finger zu schieben. Ich versuchte noch, mich zu wehren: »Aua, Luigi! Was machst du da?!«, schrie ich auf.

»Deine Finger sind zu dick, Bellisima!«, stöhnte Luigi genervt und hielt meinen Ringfinger im Klammergriff. Er war wild entschlossen, sich seinen großen Moment nicht von meinen dicken Fingern versauen zu lassen. Mit aller Gewalt presste er den Kinderring über meine Knochen.

»Jede große Liebe tut auch immer ein bisschen weh, stimmt's, Bellisima?«, sagte der Idiot entschlossen. Mein Fingerknochen knackte, und fest steckte der Ring. »Musik!«, rief er und klatschte in die Hände. Luigis Mexikaner flüsterten sich irgendetwas Verschwörerisches zu – es klang eher nach Russisch als nach Spanisch –, und dann sangen sie ein russisches Volkslied auf Spanisch. Ich wimmerte nur noch: »O Gott, hier ist alles falsch: Alles! Der Verlobte, der Ring, und nicht mal die Mexikaner sind echt.« Mein Finger schwoll zusehends an.

Der Oberkellner kam an den Tisch und sprach gönnerhaft: »Ich lasse euch gleich noch mein Dessert *grande amore* servieren.« Zu Luigi gewandt flüsterte er: »Nach diesem fetten Gänseessen würde ich auch aggressiv werden. Aber nach meinem Dessert gibt's bestimmt später die *grande amore.«* Und schob nach: »Im Bett!«

Und dann – wieder laut – entschuldigte er sich: »Ich selbst muss jetzt aber zurück in die Küche, damit ich den Überblick über die Bestellungen nicht verliere …«

»Überblick verliere … Überblick verliere …«, echote es in meinem Kopf. Ich starrte auf meine Hand: Mein Finger sah mittlerweile aus wie eine Weißwurst …

»Nina, Hilfe! Mir wird so mulmig, ich hab das Gefühl, ich werde ohnmächtig, wenn ich nicht an die frische Luft gebracht werde!« Mir wurde wirklich ganz schummrig vor Augen.

Alle Anwesenden waren in Schockstarre und glotzten nur stumm auf meine Hand. Stella konstatierte: »Dein Finger ist zum Platzen dick, Bellissima!« Ich geriet in Panik und versuchte, den Ring wieder runterzubekommen. Keine Chance. Das Blut pulsierte stark, und der Ring saß auf meinem Finger fest wie eine Rohrmuffe.

Nina rief erregt nach dem Oberkellner: »Meine Freundin braucht Öl, die letzte Salbung, verstehen Sie?« Er verstand nicht. »Sie braucht Öl. Und zwar pronto. Der Idiot hier«, sie deutete auf Luigi, »hat ihr einen Kinderring auf den Finger gequetscht.«

Der Oberkellner musterte den Finger und sagte: »Sieht nicht gut aus, der Finger.«

Stella bekam einen hysterischen Lachkrampf und grölte: »Neee, das hat er aber jetzt richtig erkannt! Es gibt nichts Besseres als kluge Männer!«

Nina reichte es. Sie stampfte energisch mit dem Fuß auf: »Ich brauche Öl, dringend! Wo finde ich Öl?«, und sie zeigte auf meinen inzwischen dunkelblau angelaufenen Finger. Der Chefkoch reagierte endlich und goss eine satte Ladung Öl über meinen Finger. Ich versuchte, den Ring abzuziehen. Keine Chance. Er bewegte sich keinen Millimeter. Dann versuchte der Koch, den Ring abzuziehen, aber er blieb an meinem armen Finger stecken wie ein Reifen im Matsch. Meine Panik wuchs! Der Finger wurde in Sekundenschnelle immer blauer und Luigi immer beleidigter.

»Warum ziehst DU eigentlich so eine Miene, Luigi?«, pflaumte ich ihn an. »Du siehst doch, was du angerichtet hast!« Luigi deutete bedeutungsschwanger auf meinen Finger, drehte sich zu den Musikern um und sagte: »Der Finger ist zu dick! Habe ich doch gesagt!«

»Sieh es ein, Luigi: Dein perfekter Antrag samt Gesang und Gedichten ist ins Wasser gefallen. Hilf ihr lieber, aber zack, zack, du Vollpfosten«, hörte ich Stella noch sagen.

Aber zu spät: Vor Panik war meine Blutzufuhr unterbrochen, das Gehirn unterversorgt, und *Bumm!* war ich weggetreten …

Das Nächste, woran ich mich erinnerte, war, wie ich auf dem Steinfußboden der Restaurantküche wieder zu mir kam und verzweifelt nach Luft schnappte. »Um Gottes willen, Mimi! Was hast du denn? Du erstickst ja!«, rief Nina aus. Ihre Stimme klang ängstlich. Stella war bereits am Handy und verständigte den Notarzt. Ein weiterer Gast beugte sich zu mir runter und startete eine Herzdruckmassage. Der Restaurantbesitzer war am Rande eines Nervenzusammenbruchs: »Hoffentlich war es der Ring und kein Gänseknochen! Bitte, keinen Skandal in meinem Restaurant!«, jammerte er.

Entfernt wurde mir klar, dass dies nicht nur eine drohende Ohnmacht, sondern eine tatsächliche Ohnmacht gewesen war, ausgelöst durch diesen albernen Kinderring.

Luigi beugte sich über mich: »Deine Finger sind einfach zu dick, Bellissima!«, erklärte er.

»Hast du sie noch alle? Ist das alles, was dir einfällt?«, schrie ich ihn an. Offenbar litt sein Gehirn unter einer Mangeldurchblutung. Nur wieso war ich dann eigentlich ohnmächtig geworden? Das Universum wollte mich wohl vor mir selbst schützen …

Mittlerweile hatte sich das ganze Restaurant um mich versammelt. Nina tätschelte meine Hand: »Mimi, halte durch! Der Notarzt muss jeden Moment kommen!«

Da klatschte die russische Mexikanergruppe fröhlich in die Hände und stimmte ein neues Lied an. Der Oberkellner versuchte noch einzuschreiten, aber die Gäste schienen die Vorstellung zu genießen und feuerten die Musiker an. Die Situation lief völlig aus dem Ruder …

Luigi machte keinerlei Anstalten, mir aus der Misere zu helfen, in die er mich gebracht hatte. Im Gegenteil. Er nutzte die Gelegenheit, um noch mal Jacques Brel anzustimmen. Er hatte gemerkt, dass die größte Anzahl der anwesenden Gäste weit unter vierzig und weiblich war. Und seine Band fand das Publikum auch besser als die hysterische Verlobte mit dem dicken Finger.

Jeder der Anwesenden, samt Koch und Oberkellner, versuchte nun, den Ring von meinem Finger abzukriegen. Nichts bewegte sich. Stattdessen bekam ich erneut Schnappatmung. Vor meinem inneren Auge sah ich schon wieder dieses gleißende Licht …
»Mund-zu-Mund-Beatmung. Herzmassage. Notarzt. Leben retten. Held. Geliebt werden«, schoss es mir durch den Kopf.

Dann traf endlich der Notarzt ein.

Nina hielt meine Hand hoch, Stella meine Beine, das Gesicht des Notarztes befand sich so dicht über meinem, dass ich kurz dachte, er würde mich nun küssen wollen. Ich spitzte automatisch die Lippen, und er fragte: »Frau Fiedler, wollen Sie mich …«
Ich murmelte: »Ja, ich will …!«
Nina raunte dem Notarzt zu: »Stellen Sie am besten kei-

ne Fragen, die die junge Dame hier in erneute Schwierigkeiten bringen könnten!«

Der Notarzt schaute Nina verstört an. Dann stellte er vorsichtshalber eine andere Standardfrage: »Können Sie mich hören?« Er half mir in die Sitzposition.

Ich murmelte, noch benommen, aber langsam wieder in meinem Oberstübchen ankommend: »Ja, Mann! Ich bin schließlich nicht taub …«

Mittlerweile war auch Luigi mit seinen Gesangskünsten fertig. »Bellissima, was hast du nur getan?« Er verbesserte sich: »Ich meinte natürlich, hast du dir was getan?«

Stella übernahm die Antwort: »Ob sie sich was getan hat, du Honk? Ist das eine ernst gemeinte Frage?« Nina bohrte weiter: »Wo hast du den Ring gekauft? An einem Kaugummiautomaten für Fünfjährige?«

Luigi versuchte eine Verteidigung: »Scusi, aber ich wusste ja nicht, dass ihre Finger so dick sind, ich hatte ihre Hände anders in Erinnerung!«

Dem Notarzt wurde die Szenerie zu blöd und er schob alle beiseite. »So, hier ist jetzt Schluss mit der Vorstellung. Wir bekommen den Ring nicht runter, und damit die Dame ihren Finger noch behalten kann, müssen jetzt die Kollegen von der Feuerwehr ran.«

Er wandte sich seinem Kollegen zu: »Funkst du Verstärkung an, Erich?«

Mit viel Tatütata rückte der Rüstwagen der Kronberger Feuerwehr an und parkte direkt in der Altstadt vor dem Restaurant. Die Truppe lief in voller Montur ein. Die Gäste waren so fasziniert von dem Schauspiel, als säßen sie in der Sneak-Preview von »Armageddon«.

Erst die Band, dann der Antrag, dann der Ring, dann eine erneute gesangliche Einlage von Luigi und den Mexiko-Russen, dann meine Ohnmacht, der Notarzt und jetzt auch noch die Feuerwehr. Das war besser als jeder Kinofilm! Meinen künstlerischen Durchbruch hatte ich mir allerdings irgendwie anders vorgestellt …

Ich lehnte mich gegen den Notarzt und jammerte: »Was machen die denn jetzt? Können wir nicht noch mal das Öl versuchen?« Der Chef-Feuerwehrmann schaute auf meine Hand, dann den Kollegen vom Notdienst an und fragte: »Alles schon versucht?«

Der Kollege nickte und sagte: »Ja, und wir sollten jetzt zügig reagieren, der Finger wird schwarz.«

Der Feuerwehrmann antwortete fachmännisch: »Dann holen wir jetzt mal den Einhandwinkelschleifer.« Und weg war er.

Von mir war nur noch ein leises Winseln zu hören. Nina und Stella versuchten, mir Mut zuzusprechen, und selbst Luigi sah jetzt ziemlich blass um die Nase aus. Mittlerweile begriff auch er, dass er vielleicht etwas weniger Gewalt hätte anwenden sollen, um mich unter die Haube zu zwingen. Er setzte sich auf einen Hocker und fragte: »Bellissima, ich singe dir noch ein Lied, bene?«

Unisono – als hätten wir es vorher eingeübt – schrien die Notärzte, Nina, Stella, der Koch, der Kellner und ich: »Nein!«

Die Feuerwehrmänner kamen zurück und versuchten, sich einen Weg durch die Schaulustigen und die Mexiko-Russen zu bahnen, die mittweile dicht gedrängt im Kücheneingang standen, um ja nichts zu verpassen.

»Bitte machen Sie jetzt alle den Weg frei!«, rief der

dienstälteste Feuerwehrmann energisch. Seine Kollegen bereiteten den Eingriff vor, und der Koch holte einen Eimer Wasser und eine Spritzpistole für Soßen, um den dicken Finger und den erhitzten Ring während des Schneidevorgangs zu kühlen. Die Feuerwehrleute arbeiteten hoch konzentriert und sehr vorsichtig.

Nina hatte mittlerweile ihr Handy gezückt, filmte – durch und durch die Boulevard-Reporterin – alles mit, und Stella hatte sich an einer Flasche Schampus bedient und sich zum großen Eventabend erst mal ordentlich einen eingegossen. Dann flirtete sie hemmungslos mit dem Feuerwehr-Azubi.

Nach einer halben Stunde hatten die Feuerwehrleute den Ring endlich durchtrennt und konnten ihn aufbiegen. »So, Frau Fiedler, hier ist der Übeltäter!«, sagte einer von ihnen amüsiert und gab den Ring und meine Hand an den Notarzt zurück.

Stella quietschte: »Saubere Arbeit, meine Herren, ich bin begeistert! Aber ...«, sie deutete auf den immer noch blassen Luigi in der Ecke und betonte: »... der Übeltäter ist der hier!«

Luigi versuchte zum Gegenschlag auszuholen: »Schuld sind die dicken Fing...« Aber er wurde jäh vom Johlen und Klatschen des gesamten Restaurants übertönt.

»Die Prinzessin ist befreit«, rief eine junge Dame, mit der Luigi gerade noch singend geflirtet hatte.

»BASTA«, rief Luigi und stand theatralisch vom Stuhl auf. Dann wandte er sich angesäuert an die Kollegen von der Feuerwehr und fragte: »So, und wer bezahlt mir jetzt den zerstörten Ring? Und die Band? Hm?«

Er deutete der Reihe nach in die Menge und rief, als wäre er der tragische Held einer italienischen Oper: »Sie alle – ALLE – haben meine *grande amore* unter einen schlechten Stern gebracht!«

Und rauschte ab.

Vorhang. Applaus. Und dann die Stille danach …

ÜBER DIE LIEBE

Sie wissen es bereits, wenn Sie das letzte Buch gelesen haben: Ich bin nach dieser Misere tatsächlich noch eine Weile mit dem Italiener verlobt geblieben. So lange, bis ich seine Betrügereien wirklich mit nichts mehr entschuldigen konnte. Scusi, ich meinte natürlich seine »schönen Begegnungen« …

Aber außer Luigi hat jeder meiner Verflossenen seine Liebe gefunden. So viele Männer waren es zwar nicht, aber die, die ich hatte, haben das große Glück der Liebe auch erst nach mir erfahren. Und ich bin sehr froh, dass es so ist. Weil sie es verdient haben, so wie jeder Mensch es verdient, wahrhaftig geliebt zu werden.

Luigi wird sein Glück wahrscheinlich nie finden, der arme Tropf. Weil in seinem Wesen so viel im Argen liegt, dass er karmisch gesehen wohl noch ein paar Runden drehen muss. Irgendwann auf seinem Weg ins Erwachsenwerden ist Luigi zu einem Fremdgeher geworden. Und weil er einfach nicht aus seiner Haut konnte, hat er seine Art zu leben verteidigt, wo er stand und ging. Seinen Betrügereien hat er einfach den Stempel Polygamie aufgedrückt und sich damit gebrüstet, dass das eine fortschrittliche Lebensweise sei.

Ich glaube aber, dass jeder Mensch sich nach Einheit und Symbiose sehnt. Und dass Treue etwas sehr Schönes und Heilsames sein kann. Auch für Männer wie Luigi, denn die gibt's natürlich überall. Noch viel mehr Männer sind aber einfach noch auf der Suche … Nach Ihnen vielleicht?

Otto hat mich auch gesucht.

Und weil auch ich nie aufgehört habe, ihn zu suchen, waren wir wie zwei Magnete, die einander angezogen haben. Es war also nur eine Frage der Zeit, wann wir uns treffen würden. Durch diese Liebe habe ich endlich auch den Beweis für das, was ich innerlich immer schon gefühlt habe: Wahrhaftige Liebe macht einen zu der besten Version seiner selbst. Nicht zur schlechtesten. In jedem von uns steckt nämlich das Potenzial für beides.

Und ob man zusammen in die Untiefen seiner schlechten Charaktereigenschaften absteigt und sein Ach zu einem täglichen Krach macht oder sich wie Balsam über die Seele des anderen gießt – das hängt schlicht und ergreifend davon ab, ob wir es mit echter Liebe zu tun haben oder nicht.

Natürlich müssen unsere Seelchen auch hier und da noch etwas lernen. Manchmal gehört es einfach zu unserem Lebensplan dazu, dass wir bestimmte Dinge so lange wiederholen, bis wir begriffen haben, dass wir sie nicht mehr brauchen. Das betrifft auch unsere Partnerschaften. Meine Freundinnen und meine Familie haben sich natürlich gefragt, ob ich nicht doch ein bisschen gaga bin. In deren Augen war ich ein hoffnungsloser Fall. Ein bissel naiv halt.

Aber Naivität ist nichts anderes als kindliche Unvoreingenommenheit, und ich war mir sicher, dass auch für mich »irgendwie irgendwo irgendwann« die Zukunft anfängt. »Liebe wird aus Mut gemacht«, wusste ja schließlich schon

Nena. Mit diesem Song und meinen Freundinnen im Gepäck, die ja doch immer für mich da waren, konnte ich wieder aufstehen, die berühmte Krone richten und weiterlaufen. Und immer wenn ich vor Liebeskummer geweint habe, erinnerte ich mich daran, dass das unter keinen Umständen Liebe gewesen sein konnte …

Sollten Sie also gerade in diesem Moment nicht so genau wissen, ob Sie jemals den Menschen fürs Leben finden, oder sich fragen, ob Sie das überhaupt können, eine »Beziehung« zu leben, lehnen Sie sich einfach zurück, öffnen Sie Ihr Herz, lassen Sie eine satte Brise frischer Luft hinein und alle Erwartungen los. Und Sie werden sehen: Es wird sich etwas verändern.

Sie entscheiden nämlich insgeheim selbst, was in Ihrem Leben geschieht. Das Universum ist lediglich Ihr Handlanger. Und das Universum liiiiiiebt es, Ihnen zur Hand zu gehen.

Leider macht es keinen Unterschied, ob das gerade gut oder schlecht für Sie ist. Es führt voller Freude aus, was Sie ihm auftragen. Es liest Ihnen jeden Wunsch von den Augen ab! Wirklich jeden! Es gibt einen sehr klugen Spruch von Buddha dazu, den Sie wahrscheinlich längst kennen: »Wir sind, was wir denken. Alles, was wir sind, entsteht aus unseren Gedanken. Mit unseren Gedanken formen wir unsere Welt.«

Wenn man es so sieht, habe ich mir Luigi selbst gemacht. Er ist aus meinen Vorstellungen und Gedanken über mich selbst zur Realität geworden. Ohne mich und meine Sicht auf mich wäre er an mir abgeperlt wie das Mittelmeer an Luigis eingeöltem Körper.

Wir Mädels basteln uns die Jungs selbst so, wie wir sie

gerade brauchen. Und wenn wir uns das auf dem Weg zu der großen Liebe einfach gestatten, dann lebt es sich auch leichter. Dann wissen wir nämlich, dass das jetzt gerade mal sein muss. Entweder ist es das Karma oder ein Muster aus der Kindheit, das zu Ende angeschaut werden möchte, oder es ist einfach die Lust am großen Kino. Das Alter spielt dabei überhaupt keine Rolle, falls Sie sich jetzt fragen sollten, ob Sie nicht langsam zu alt für diesen Kinderkram sind. Amor trifft, wenn er in Hochform ist, selbst die Hundertjährigen. Deswegen: Augen und Ohren auf! Und das Herz sollte nicht verschlossen bleiben. Bitter sollte nur die Schoki im Schrank sein …

PRINZ GESUCHT, KÖNIG GEFUNDEN

Als mein Mr Big endlich in mein Leben getreten war, veränderte sich plötzlich meine Welt. Die Farben wurden bunter, der Grauschleier verschwand, und alles machte plötzlich Sinn. Jeder meiner Schritte hatte zu ihm geführt. Jeden Tag drehte ich die Musik so laut, dass die Nachbarn an die Decke klopften. Und die Schoki aus dem Schrank stopfte ich wie eine Besessene in mich hinein! Vor Glück! Es war sonnenklar: Ich hatte wirklich – wiiirklich – *den* Mann gefunden! Für meine beharrliche Suche nach ihm hatten mich immer alle belächelt. Jetzt hatte ich ihn gefunden. Vier Buchstaben lang war sein Name. So wie meiner.

Überhaupt hatten wir eine Menge gemein. Ich liebte Ordnung, er liebte es ordentlich. Ich liebte es zu kochen, er liebte es, Lebensmittel einzukaufen. Ich ging im Allgemeinen überaus ungerne shoppen, er liebte es zu shoppen und erledigte das einfach für mich mit. Er schrieb die schönsten Briefe, und ich bastelte die aufwendigsten Karten. Er liebte es zu schenken, ich verpackte die Geschenke gern. Wir hatten beide nichts übrig für Trödeleien und erledigten die Dinge gerne sofort. Otto gehörte zu der Sorte Mann, der man nichts zweimal sagen musste. Denn bevor man es überhaupt aussprach, war es schon getan.

Wenn wir aber stritten, stritten wir. Ich ließ mir als kroatischer Sturkopf natürlich nichts sagen, was meinen bayerischen Cowboy ab und an dazu veranlasste, das Lasso nach mir zu werfen.

Aber ich ließ mich natürlich nicht fangen. Dann gingen die Pferde mit ihm durch! Gott sei Dank waren wir beide so vergesslich, dass wir nach kürzester Zeit wieder vergaßen, worüber wir eigentlich gestritten hatten. Und weil wir das beide so lustig fanden, war das Lachen nach dem Streit schon vorprogrammiert. Selbst nach bitterernsten Auseinandersetzungen waren wir einander nie lange böse.

Meine stoische Suche nach dem Prinzen hatte mich zu diversen männlichen Modellen geführt. Und wie ich sicher schon oft angemerkt habe: Am schlimmsten waren die Geizigen. Wer knauserig bei materiellen Dingen ist, ist es meistens auch in der Liebe.

Luigi zum Beispiel war so geizig, dass er für uns beide stets nur einen Teller Nudeln bestellte. Und zwei Gläser für eine kleine Flasche Cola. Aber nicht, weil er »Susi und Strolch« mit mir nachspielen wollte, sondern weil er der Meinung war, dass die Portion für uns beide reichen müsse. Ach, und dass Nudeln sowieso fett machten und meine Silhouette schon üppig genug wäre …

Irgendwann war mir das so peinlich, dass *ich* nur noch für uns zahlte. Und siehe da: ein kulinarisches Wunder! Auf einmal gingen auch zwei Teller Nudeln. Und Nachtisch. Meine Fettleibigkeit schien ihn plötzlich auch nicht mehr zu stören: »Und noch ein kleiner Limoncello, Bellissima … Auf uns!«

Materielle Dinge interessierten mich nicht sonderlich, es ging mir nicht ums Geld, sondern um die Geste. Ich bevorzugte sowieso gebrauchte Dinge, die nicht teuer waren, dafür aber eine Geschichte hatten. Alte Taschen von Flohmärkten, tolle Blumenröcke aus Pariser Vintageläden, Stoffe aus dem vorigen Jahrhundert. Luigi verstand nie, dass es nicht das Geld war, das ihm fehlte, sondern die Aufmerksamkeit seiner Partnerin gegenüber. Eine Tür hielt er immer nur dann auf, wenn er mit einer Frau, die nicht ich war, flirten wollte. Deswegen und aus all den anderen Gründen habe ich ihm diese später vor der Nase zugeknallt. Nach einigen Anläufen zugegebenermaßen – aber dann war sie endlich auch wirklich zu!

Otto ist großzügig. Er würde nie auf die Idee kommen, einen Teller Nudeln für uns beide zu bestellen. Allein der Gedanke daran wäre ihm peinlich. Und obwohl er Luigi nie kennengelernt hat, schämt er sich fremd für ihn. Und für alle seine Geschlechtsgenossen, die nicht wissen, wie man die Dame seines Herzens behandelt. Und da ist sie wieder, meine These, die sich durchs Hintertürchen in dieses Kapitel eingeschlichen hat: Wenn Ihr Herzbube Ihnen nicht wie einer Herzdame begegnet, dann sind Sie mit Sicherheit nicht sein Herzass. Und es ist keine Liebe.

Glauben Sie mir: Wer liebt – wirklich liebt –, tut alles, was in seinen Möglichkeiten liegt, dafür, dass Sie sich wie eine Königin fühlen. Liebe will nur das Beste, sie kann gar nicht anders. Deswegen kann man alles andere eigentlich ganz leicht entlarven. Und wer Sie liebt, der würde Sie auch nie kleinmachen oder bloßstellen. Schon gar nicht in Anwesenheit anderer. Niemals. Luigi konnte auch das besonders gut. Sprüche wie: »Früher war sie dünn-e, heute ist sie dumm-e!« (und dann Schenkelklopfer), waren an der Tagesordnung.

Armer Luigi, wirklich für jedes Negativbeispiel muss er herhalten.

Jaja, ich weiß schon, was Sie sich fragen. Sie fragen sich, warum ich mir das angetan habe. Dann sind wir schon zwei. Ich nehme an – das tue ich übrigens bei allen Fragen, die ich nicht logisch beantworten kann –, meine Seele wollte etwas lernen. Wenn wir also von der wunderbaren Idee ausgehen, dass alle Seelen hier sind, um was zu lernen, gilt das für seine auch!

Für mich und meine Entwicklung war der kleine Fifi aus San Marino von unschätzbarem Wert. Durch ihn ist das, was ich danach mit Otto erleben durfte, doppelt und dreifach aufregend und schön. Und ergibt so Sinn! Denn die beiden sind das komplette Gegenteil voneinander. Danke für diese Einsicht, Luigi!

Luigi ist die halbe italienische Pasta-Portion und Otto der Trevi-Brunnen in Rom, die niemals versiegende Fülle des Lebens. Und danach habe ich gesucht. Nicht nach Geld. Aber nach Reichtum. Menschlichem Reichtum. Nach einem Herzen, das genauso überquillt vor Liebe wie meines. Nach einem Menschen, bei dem ich nicht nachdenken muss, ob und wann ich sagen kann, was mir in den Sinn kommt oder besser nicht, nach einer Seele, die die Farben meiner Seele hat und umgekehrt, nach der Ruhe im Kopf und dem Feuerwerk im Körper. Nach dem Prinzen, dessen Schloss kein Luftschloss ist. Auf dem wir beide den Stürmen des Lebens trotzen können, weil es ein festes und liebevolles Fundament hat.

Weil ich nie müde wurde zu suchen und mich – wie Sie ja jetzt wissen – stets geweigert habe, mein Schicksal hinzunehmen, hat dieses mir schließlich etwas Besseres ausgeliefert als bestellt.

Und ein solches Glück muss man feiern, mit einer richtigen Hochzeit. So wie es sich gehört.

HERR DER RINGE

Und so kam es, dass wir unser erstes Silvester als Patchworkfamilie für Fortgeschrittene alle zusammen im schönen München feierten. So, als hätten wir nie etwas anderes gemacht. Wir alle, das heißt: Otto mit seinen zwei Söhnen und zwei Töchtern, allesamt schon erwachsen, und ich mit meinen beiden Mädels samt Boyfriend. Im Laufe der Jahre war zu meiner Tochter noch ein älteres Mädchen dazugekommen. Ganz ohne Mann! Aber wie es nun dazu gekommen ist, erzähle ich Ihnen ein anderes Mal, wenn Sie mögen …

Otto hatte eine »Roaring Twenties«-Party vorgeschlagen. Wir wilden Weiber verbrachten den frühen Abend damit, uns in Charleston- und Flapper-Kleider zu werfen, während die männlichen Familienmitglieder sich allesamt als »The Great Gatsby« stylten. Wir ließen die Wohnung in einem kleinen Chaos zurück, aber in Toplaune zogen wir ab Richtung Party und knallermäßigem neuen Jahr. Otto pfiff die ganze Taxifahrt über »Mein kleiner grüner Kaktus«, worauf ich Marlene Dietrichs »Ich bin von Kopf bis Fuß auf Liebe eingestellt« zurückträllerte.

Wir waren heiter und ausgelassen und freuten uns so sehr darüber, dass nach den mageren Jahren endlich ein paar fette anstanden. Zumindest, was die Liebe anging.

Die Stimmung im Restaurant war genauso ausgelassen, und um Punkt zwölf schossen die Raketen als Botschaften der Liebe in den Himmel. Pünktlich dazu übergab sich meine Tochter, die mittlerweile fünfzehn war, in einem genauso imposanten Schwall auf den Bürgersteig.

Ich eilte ihr zu Hilfe: »O Gott, Kind, alles okay? Hattest du ein Gläschen zu viel?« Sie schüttelte benommen den Kopf und setzte sich auf den Bordstein. Die letzten Raketen wurden noch abgeschossen, und meine Tochter hatte mittlerweile zumindest ihre Gesichtsfarbe wieder.

»Hoffentlich bist du nicht schwanger?!«

Bei dieser Frage schien ihre Kraft zurückzukommen, und sie antwortete, so energisch sie konnte: »Mama! Sag mal! Ich bin fünfzehn! Natürlich bin ich nicht schwanger! Ich hab von diesem komischen Fisch am Büfett gegessen. Ich glaube, ich muss heim.«

»Oje, meine Maus! Gut, dann gehen wir nach Hause!«, entgegnete ich besorgt.

Meine Tochter aber beharrte darauf, dass wir noch bleiben sollten und sie schon mal vorfuhr. Die Arme war wirklich nicht mehr in Feierstimmung und wollte nur noch ins Bett. Ich wollte mit Otto nur noch kurz das Tanzbein schwingen, versprach, auch bald zu Hause zu sein, und rief ihr ein Taxi.

Verschwitzt und abgetanzt kamen Otto und ich zum Tisch zurück, die restlichen Kinder waren alle ausgeschwärmt, und ich schaute vorsichtshalber noch mal aufs Handy, ob meine Tochter sich gemeldet hatte. Siebzehn verpasste Anrufe in Abwesenheit! Ich erstarrte und bekam sofort Herzklopfen. Irgendetwas musste passiert sein!

Mit zitternden Fingern drückte ich auf ihre Nummer,

und sie ging sofort dran. Ihre Stimme klang aufgebracht: »Mama? Ihr müsst sofort heimkommen! Die Polizei ist schon da! Es ist so schlimm …«

Ich unterbrach sie hysterisch: »Was ist passiert? Ist DIR was passiert? WO bist du?«

»Mit mir ja, Mama, alles okay, keine Sorge, ich habe die aber wohl auf frischer Tat ertappt, das hat der Polizist eben auch gesagt!«

Ich verstand immer noch nicht. »Wen habt ihr erwischt, kannst du mir bitte mal sagen, was um Himmels willen passiert ist?!«

Sie reichte das Telefon an den Polizisten weiter, und der sagte: »Grüß Gott, Frau Fiedler, Eana hom's leider einbrochen. Gut wär's, wann S' jetzt glei heimkemma. Die Kinder sann in Sicherheit, aber des war knapp. Die hom's quasi auf frischer Tat ertappt!«

Otto kam auch gerade zum Tisch zurück. Er sah sofort, dass ich kurz vor einer Ohnmacht stand. Ich stammelte: »Otto, wir müssen sofort gehen, bei uns wurde eingebrochen!«

Mit Kind und Kegel trudelten wir zu Hause ein und sahen das Desaster schon am Eingang.

Die Polizei hatte mittlerweile Verstärkung von der Spurensicherung bekommen, und meine Tochter saß kreidebleich mit ihrem Freund auf den Stufen im Treppenhaus. Ich versorgte die beiden mit einer Umarmung, während Otto sich den kleineren der beiden Polizisten schnappte und sagte: »Ich muss dringend in mein Arbeitszimmer, dringend!«

Der Polizist antwortete: »Des geht net, Herr Steiner, Sie sehn's ja selbst, was des für a Sauerei is, nachher mochts wichtige Spuren kaputt, da wär Ihna ned g'holfen!«

Sauerei war untertrieben für das, was die Diebe hinterlassen hatten. Sämtliche Schränke und Schubladen waren aufgerissen, die reinste Verwüstung überall, Bilder von den Wänden gerissen, Sofas und Sessel aufgeschnitten, und selbst den Müll aus den Mülltonnen hatten sie ausgekippt. Ich fragte mich, was um Herrgotts willen sie gesucht hatten? Diamanten, eingeschweißt in den Sitzpolstern? Bargeld in der Mülltonne?

Otto ließ nicht locker und überzeugte den Polizisten, ihn ins Arbeitszimmer zu lassen. Nach einigen Minuten kam er wieder raus, und wir saßen alle wie die Hühner auf der Stange aufgereiht auf den Stufen im Treppenhaus.

Nun war Otto bleich. Er setzte sich neben mich und sagte: »Liebste, ich weiß, dass du an Zeichen glaubst, aber ich versichere dir, dass das kein Zeichen ist. Ich bitte dich, darin auch keines zu sehen ...« Ihm versagte die Stimme, und die Kinder schauten auch alle bedröppelt, anscheinend wussten alle außer mir, wovon Otto sprach.

Ich beschwichtigte: »Mein Otto, so einen Einbruch, papperlapapp! Den überstehen wir doch locker, oder? Alle sind gesund, und du bist doch bestimmt gut versichert, oder? Wir räumen das gleich alle zusammen auf und gut ist! Ist doch ein imposanter Jahresanfang!«

Meine Euphorie schien ihn nicht aufzumuntern, und er sagte: »Ich meine nicht den Einbruch, Liebste ...«

Ich verstand nicht. Er schaute mich betreten an und sagte: »Bitte versprich mir, dass du darin kein schlechtes Omen siehst, wenn du das jetzt hörst!«

Langsam wurde ich nervös. Ich hatte keinen blassen Schimmer, wovon er sprach.

»Otto, sprich doch! Was meinst du?!«

Er holte tief Luft und sagte: »Ich wollte dir am Neujahrstag einen Antrag machen. Ich habe einen Ring gekauft …
und der Ring ist …«

»Weg??«, beendete ich den Satz.

Mir schossen natürlich sofort Tränen in die Augen. Aber
nicht, weil ich darin ein schlechtes Omen sah, sondern weil
es mich so rührte, dass Otto so betroffen davon war. Er
dachte wirklich, ich könnte darin eine miese Vorsehung
oder so etwas vermuten. Ich nahm sein Gesicht in meine
Hände und sagte: »Hör mir jetzt mal gut zu, Otto Steiner.
Niemand auf dieser Welt wird es schaffen, unsere Liebe unter einen schlechten Stern zu stellen. Und kein Dieb der
Welt wird es schaffen, unser Glück zu stehlen.«

Die Kinder hörten gebannt zu, und die Kollegen von der
Spurensicherung, die uns gerade etwas fragen wollten, hielten kurz inne.

Ich redete weiter: »Ein teurer Ring spielt keine Rolle, ich
würde dich auch heiraten, wenn du ein Clochard wärst und
gar keinen Ring für mich hättest!«

Otto seufzte und küsste mich dann fest. Ich spürte, dass
er trotzdem aufgewühlt war wegen des gestohlenen Ringes,
und mir war klar, dass der Ring etwas Besonderes gewesen
sein musste.

Eine ganze Weile saßen wir, umringt von unseren Kindern, Hand in Hand nebeneinander auf den Stufen und
schwiegen.

Irgendwann unterbrach Otto die Stille und fragte die Spurensicherung, ob er wenigstens Getränke aus der Getränkekammer für uns holen dürfe. Die Polizisten winkten ihn
durch, und er stieg über das Chaos im Flur Richtung Ge-

tränkekammer. Dort sah es auch aus wie bei Hempels unterm Sofa, und als er mit Flaschen bepackt wieder Richtung Treppenhaus ging, stolperte er plötzlich über eine kleine türkisfarbene Schachtel: Die Schachtel von Tiffany, in der der Ring gewesen war. Er stellte die Getränke eilig ab und rief mich.

»Mimi, komm bitte schnell! Ich habe die Schachtel gefunden!«

Noch ehe die Polizisten ihr Veto einlegen konnten, stieg auch ich über das Chaos im Flur Richtung Otto und Tiffany-Schachtel.

Er hielt sie hoch wie den Heiligen Gral. Ich argwöhnte: »Liebster, ich danke dir von Herzen, dass du das gemacht hast, wirklich. Aber die Diebe haben den Ring sicher aus der Schachtel genommen und die Schachtel dann weggeworfen!«

Otto schüttelte den Kopf und sagte energisch: »Das kann nicht sein, das kann nicht unsere Geschichte sein! Der Ring muss da drin sein!«

Mittlerweile hatten sich die beiden Polizisten, der kleine und der große, die beiden Damen von der Spurensicherung und unsere Kinder im Flur versammelt. Allesamt hatten wir die Köpfe über die kleine Schachtel gebeugt. Otto fuchtelte nervös am Verschluss, und ich schloss die Augen, weil ich seine Enttäuschung nicht sehen wollte.

Und dann machte es leise »Klick«, und ich hörte, wie alle den Atem anhielten. Und als ich langsam wieder die Augen öffnete, funkelte mir der schönste Ring entgegen, den ich je gesehen hatte. Die Einbrecher hatten wirklich absolut alles mitgenommen, nur den Ring, den hatten sie wohl bei der Flucht verloren.

Otto strahlte übers ganze Gesicht, und die Dame von der Spurensicherung sagte: »Jetzt müssen S' aber niederknien!«

Gesagt, getan!

So geschah es, dass ich am Neujahrstag unter den Augen der Polizei an einem echten Tatort die Frage aller Fragen gestellt bekam. Begleitet von Klatschen, Johlen und einem schluchzenden Polizisten, der beteuerte, das sei eindeutig der schönste Einbruch seines Lebens. Ich rief, über und über vor Glück: »Ja, ich will!« – und meinte es zum ersten Mal in meinem Leben genau so, wie ich es sagte.

VERFAHREN ZUM GLÜCK

Es war wie ein Wunder. Alles, wirklich alles, was nicht niet- und nagelfest gewesen war, hatten die Diebe mitgehen lassen. Aber dass sie ausgerechnet meinen Ring auf der Flucht verloren hatten?! Während ich das Chaos in unserer Wohnung beseitigte, schaute ich immer wieder auf den reinen, funkelnden Stein und lächelte. Ich war beseelt, denn mit diesem Ring am Finger hatte ich den endgültigen Beweis dafür, dass unsere Liebe unkaputtbar war. Wir würden jeden Sturm unseres Lebens überstehen. Sollte ich das je vergessen, würde mich ein Blick auf meine Hand daran erinnern.

Und auch dieses Silvester würden wir alle für immer in Erinnerung behalten. Meine Tochter hatte den Schrecken ihres Lebens durchstanden und war immer noch ganz zittrig. Nur übel war ihr jetzt nicht mehr: Der Adrenalinstoß hatte sie schockgenesen lassen …

Wir brachten die Kinder in ein nahe gelegenes Hotel, damit sie ein bisschen zur Ruhe kommen konnten. Otto und ich hingegen verbrachten die ganze Neujahrsnacht bis zum Morgengrauen damit, so gut es ging, die Wohnung wiederherzustellen. Als wir endlich dabei waren, die letzten Schubladen einzusetzen, schickte die Wintersonne schon ihre ersten Strahlen zum Fenster herein, und wir konnten gar nicht glauben, dass es bereits acht Uhr in der Früh war.

Von Schlafengehen und Müdigkeit keine Spur – wir waren aufgekratzt wie zwei Teenager.

So beschlossen wir, den Tag mit einem Neujahrsspaziergang am Chiemsee zu beginnen, solange die Kinder noch schliefen.

»Meine zukünftige Ehefrau«, flötete Otto, als sei der Einbruch ein Spuk gewesen und als hätte es nur den Antrag gegeben, »darf ich dir deine neue Heimat, das schöne Bayern, zeigen? Wie wär's mit einem kleinen Ausflug an den Chiemsee?« Ich war begeistert. Draußen war es zwar bibberkalt, aber die Sonne schien aus allen Knopflöchern, und die Luft war herrlich klar und rein. Ein Spaziergang am Chiemsee würde sicher atemberaubend schön werden!

So saßen wir, warm eingepackt, mit dem Neun-Uhr-Glockenschlag im Auto und düsten Richtung Chiemsee. Wir hörten alte Schlager und plapperten wie Teenager bei ihrem ersten Rendezvous.

»Es gibt da ein zauberhaftes kleines Fleckchen am Chiemsee, da fahr ich mit dir hin!«, erklärte Otto.

Wir fuhren eine ganze Weile von der Autobahn ab durch die Winterlandschaft Richtung See. Doch da kam weit und breit kein See …

»Seltsam«, überlegte er laut, »also ich könnte schwören, dass die hier was umgebaut haben! Wo ist denn die Straße hin?«

»Vielleicht gab es ja eine Umleitung oder so was«, antwortete ich, obwohl nicht ein einziges Schild darauf hingedeutet hatte. Wir hielten am Wegesrand an, und Otto schaltete das Navigationssystem ein. Aber es regte sich nicht und blieb auch nach mehrfachen Versuchen aus. Es war wie verhext. Auch das Neustarten des Autos half nichts. Der Bordcomputer blieb mucksmäuschenstill.

»Also, so was…«, murmelte Otto, während er an den Knöpfen rumfuchtelte, »das hatte ich noch nie!«

Ein paar Minuten versuchten wir es noch, und dann beschlossen wir, den Weg anhand der Schilder zum See zu finden. Kein Mensch außer uns beiden war in dieser Herrgottsfrühe am Neujahrstag unterwegs, und je weiter wir fuhren, desto tiefer fuhren wir in die Pampa, und irgendwie kam es uns vor, als hätte jemand wirklich alle Schilder abmontiert, nur um uns zu ärgern. Zu allem Übel fing es auch noch an zu schneien und wollte überhaupt nicht mehr aufhören … Frau Holle schüttelte kübelweise den Schnee auf uns herunter. Langsam wurde ich ein wenig kribbelig, und Otto, der sonst in allen Lebenslagen die Ruhe weghatte, trommelte nervös mit den Fingern auf dem Lenkrad herum, während er versuchte, durch die Scheibenwischer wenigstens etwas von der Straße zu erkennen.

»Na, sauber!«, stöhnte er. »Erst der Einbruch und jetzt das … das kann ja heiter werden!«

Es wurde aber leider nicht heiter, sondern zappenduster. Der Himmel hatte sich mittlerweile so zugezogen, als wäre es Abend und nicht Morgen. Wir kamen nur noch im Schritttempo voran, und mir wurde immer mulmiger im Bauch. Hoffentlich hatte der gestrige Einbruch keine Unglücksphase eingeläutet? Sofort wischte ich diesen Gedanken weg und sagte, an Otto gerichtet: »Natürlich ist das keine Unglücksphase, gell, Otto! Die da oben erlauben sich lediglich einen Scherz mit uns, weil sie uns hochunterhaltsam finden!«

»Aha, ist das so … ich finde nur, jetzt könnt's wenigstens weniger schneien!« Mit diesem Satz machte es »Kawumm!« und das Auto einen Satz.

Als wir ausstiegen, mussten wir feststellen, dass wir in einem Graben gelandet waren. Otto konstatierte fachmännisch: »Scheiße!«

Er lief ums Auto herum, um das Elend zu betrachten. Alleine kamen wir da nicht mehr raus …

Otto holte sein Handy aus der Hosentasche und versuchte, die Nummer vom Abschleppdienst zu wählen. Kein Empfang! Ich schaute auf mein Handy – ebenfalls kein Signal.

Da standen wir nun, mein Verlobter und ich. Ich konnte die Ereignisse der letzten Stunden noch gar nicht fassen: der Einbruch, die Verwüstung in unserer Wohnung, die mir einen Heiratsantrag unter Polizeibeobachtung beschert hatte, und jetzt hier, mitten im Schneesturm, das Auto im Graben – ohne Kontakt zur Außenwelt …

»Na gut, dann müssen wir jetzt loslaufen und Hilfe holen. Und du merkst dir, wo wir langgelaufen sind, damit wir das Auto wiederfinden«, sagte ich entschlossen.

Otto grinste, offensichtlich amüsierte ihn der Pfadfinder in mir, und antwortete: »Allzeit bereit und gut Pfad! Na, dann mal los!«

Wir stapften eine ganze Weile durch den Neujahrsschnee, bis wir auf einen Weg kamen, der offensichtlich die Auffahrt zu einem Haus war. Je näher wir dem Haus kamen, desto klarer wurde uns, dass es sich um kein gewöhnliches Haus, sondern eher um ein Anwesen handelte.

Als wir den Torbogen erreicht hatten, sahen wir tatsächlich ein Schloss. Aber keines der bayerischen Prachtschlösser im barocken Stil des Schloss Nymphenburg. Von Glanz und Gloria keinen Schimmer! Vielmehr sah es aus, als läge seine Blütezeit noch ein paar Jahrhunderte weiter zurück.

Ich befürchtete:»Oje, hoffentlich treffen wir hier überhaupt auf eine Menschenseele.«

Doch tatsächlich war die Menschenseele sehr lebendig und kam in Form einer Bayerin in dicken Winterstiefeln, einem Dirndl und einem zu großen Parka inklusive zu großem Schal auf uns zu. Sie schippte Schnee und pfiff vor sich hin.

Als sie uns erblickte, hielt sie kurz inne und rief dann überrascht aus:»Herrje! Was hat Sie beiden denn hierher verschlagen?«

»Grüß Gott und erst mal ein gutes neues«, rief Otto höflich zurück.»Wir wollten zum Chiemsee, und dann ist uns das Navi ausgefallen ...«

Ich vervollständigte:»... und dann sind wir auch noch im Graben gelandet und haben beide keinen Handyempfang.«

Wir stapften näher, und Otto fragte:»Meinen Sie, wir dürften mal Ihr Telefon benutzen?«

Die Bayerin hörte auf zu schippen und sagte:»Freilich, kimmen S' erst mal rein, ned, dass Sie beide zu Frostknedeln wern!«

Die Stube im Schlosshof war warm und gemütlich, ein Kaminfeuer brannte, und die Dame, die sich uns nun als die Schlossherrin vorstellte, brachte Tee und Kekse. Ich kuschelte mich in die dicken Rosenkissen auf der Holzbank und sagte:»Das ist sooo gemütlich hier bei Ihnen, also hier könnte ich bleiben!«

Unterdessen suchte Otto erst die Nummer des Hotels, in dem die Kinder untergebracht waren, und dann die Nummer des Abschleppdienstes im Telefonbuch heraus und betätigte die Wählscheibe des alten Haustelefons.

Ich lächelte und überlegte, wann ich das letzte Mal eine Wählscheibe gesehen hatte und dass die einzige Nummer, die ich immer noch auswendig kannte, die meiner Eltern war. Die Nummer meiner Kindheit, die Nummer 2575. Ich liebte diese Zahlen. Sie waren mein Zuhause, meine Eltern, meine Kindheit und Jugend, und sie waren für mich für immer verbunden mit den Träumen, die ich hatte.

Außerdem waren sie der Beweis dafür, dass zwei Menschen sehr wohl für immer zusammenbleiben können, komme, was wolle. Denn meine Eltern besitzen diese Telefonnummer seit fünfundvierzig Jahren. Seit es mich gibt. Diese Nummer ist das Sinnbild ihrer verrückten und doch so starken Liebe. Einer Liebe, die unkaputtbar war, weil die beiden sich immer wieder füreinander entschieden hatten. Und sie hatten es sicher nicht immer leicht gehabt. Aber sie hatten einander.

Während ich so eingekuschelt mit meinem heißen Tee in der Hand dasaß und vor mich hin träumte, ließ ich meinen Blick durch die Stube wandern. Meine Augen blieben an einer Wand hängen, an der unendlich viele Fotos von Hochzeitspaaren klebten. Ich hielt den Atem an und stellte den Tee ab. Dann sprang ich auf. Mir war, als hätte ich in eine Steckdose gegriffen, so elektrisiert war ich. Die Schlossherrin sah dies und fragte irritiert: »Ist Ihna nicht gut? Sie sehen aus, als hätten S' einen Geist gesehen!«

Ich wurde kreidebleich: »Warum sammeln Sie all diese Hochzeitsfotos?«

»Die hom alle hier g'heiratet, deswega.«

Ich stammelte: »Das … also das hier, das ist doch ein Schloss, oder? Also … ich meine, so ein richtiges Schloss …«

Otto hatte mittlerweile aufgelegt und kam auch zu uns an die Wand.

Die gute Frau antwortete: »Des ham S' richtig erkannt. Des hier ist ein Schloss, und des hier sind die Paare, die hier geheiratet ham. Also gefeiert ham s' hier. Des Schloss hat zwar kein Schnickschnack mehr, aber wir ham dafür eine Menge Liebe in den Räumen!«

»… Liebe in den Räumen …«, wiederholte ich stammelnd.

Otto schaute mich von der Seite an, lächelte ganz breit und fing an zu kichern wie ein Siebenjähriger. Wir beide waren so verstrahlt, dass die Schlossherrin sicher dachte, wir hätten auf dem Weg hierher ein paar magische Pilze gegessen.

Ich hakte nach: »Also wir beide hier, wir könnten auch auf diesem Schloss heiraten, oder?«

Die Schlossherrin erwiderte: »Mir vergeben die Termine fürs Jahr immer erst ab dem ersten Januar, und die sind so schnell weg wie warme Semmeln, wissen S'. Weil wir keine Heizung im Schloss haben, kennen S' nur sechs Wochen im Jahr hier heiraten. Aber da ja heute der erste Januar ist, wären jetzt Sie theoretisch die Ersten.«

Ich drehte mich zu meinem Verlobten um und sagte: »Otto! Ich war noch nie in meinem Leben bei irgendwas die Erste!«

Worauf Otto lächelnd meinte: »Na, dann wird es doch mal Zeit, dass sich das ändert!«

Und so kam es, dass ich tatsächlich in einem richtigen Schloss heiraten sollte. So, wie es sich eben gehört, wenn der Verlobte ein König ist …

Das Leben ist voller Wunder! Und manchmal muss man sich verfahren, um am richtigen Ort anzukommen …

HERZKLEID

Zurück in Kronberg, war ich mit Nina und Stella bei unserem Lieblingsitaliener verabredet. Die Sonne strahlte in ihrem schönsten Winterlicht, und meine Freundinnen waren aus ihrem Vollrausch Otto betreffend gar nicht mehr herauszubekommen. Nina sinnierte dauernd, sie hätte selbstverständlich immer schon gewusst, dass der König die Prinzessin eines Tages standesgemäß retten würde. Und Stella wollte jetzt sogar unbedingt einen eigenen Otto! Die beiden lächelten mich liebevoll an, und Stella wurde plötzlich sentimental, was äußerst selten passierte: »Hach Mimilein, dass wir das noch erleben dürfen. Ein Mann mit Stil und ohne Dachschaden an deiner Seite!« Ich grinste, lehnte mich tief in den Stuhl zurück und seufzte so laut, dass die Herren am Nachbartisch kurz irritiert zu uns herüberschauten.

»Mir fehlt nur noch eines zum Glück, meine allerliebsten Freundinnen: das passende Kleid! Nach dem Desaster mit meinem ersten Brautkleid möchte ich dieses Unterfangen lieber nicht noch mal mit meiner Mutter angehen.«

»Dabei wolltest du doch nur aussehen wie Audrey Hepburn!«, sagte Nina.

Und Stella fügte hinzu: »Und deine Mutter wollte, dass du aussiehst wie Jackie Kennedy, und rausgekommen ist der türkisch-kroatische Schiefe Turm von Pisa!«

Nina beschwichtigte: »Ach komm, sooo schlimm war's jetzt auch nicht!« Wir schwiegen eine Weile, weil wir alle drei genau wussten, wie recht Stella hatte …

»Aber daran sieht man, wie treu ich bin! Ich gehe nach diesem Desaster immer noch zu Alessandro!«, konstatierte ich.

Im Grunde genommen wusste ich, dass es völlig schnurz gewesen wäre, ob ich als Schiefer Turm von Pisa oder als Kirsche auf der Sahne oder aber als Hepburn-Verschnitt vor den Altar getreten wäre, solange da der Richtige gestanden hätte! …

Hatte er vor zwanzig Jahren aber nicht, und ich hatte wirklich sehr viele Runden drehen müssen, um meinem Traummann begegnen zu dürfen. Daher musste es dieses Mal das Traumkleid schlechthin sein, das Kleid aller Kleider. Ohne Schnickschnack und mit ein bisschen Patina, so wie ich auch. Und irgendwo mussten auch Punkte sein, weil ich Punkte so sehr liebte und weil sie mich fröhlich machten. So wie Otto.

Stella klatschte in die Hände und sagte: »Lass uns nach New York fliegen, oder wie wär's mit Paris, Mailand, London? Oder nach Tel Aviv? Tel Aviv ist gerade der letzte Schrei für Brautmoden! Die Welt der Brautkleider liegt dir zu Füßen!«

Mir wurde jetzt schon schwindelig bei dem Gedanken, Brautkleider-Hopping betreiben zu müssen … Das mir, die ich Shoppen verabscheute! Am liebsten ließ ich mir von meinem talentierten türkischen Schneiderlein in Kronberg meine Kleider aus Stoffen vom Flohmarkt anhand von Bildern aus Zeitschriften nachnähen. Mit Punkten oder Streifen oder Blumen. Und da kam mir auch schon die Idee: »Vielleicht lasse ich mir einfach eines nähen? Ich male meinem Schneider das Kleid auf und lasse es nähen!«

Stella verzog den Mund und maulte: »Mimi! Jetzt haben wir einmal im Leben die Gelegenheit, völlig durchzudrehen und einen Laden nach dem anderen abzugrasen, und du willst dir deinen großen Moment schon wieder von einem Türken versauen lassen?«

Nina ermahnte Stella: »Könntest du deine Meinung bitte etwas leiser kundtun? Sonst denkt der Rest der Gäste, wir hätten was gegen Türken!«

Stella kreischte: »Iwoooo, den besten Sex hatte ich mit Mustafa aus Izmir. Hach, war das ein grandioser Kluburlaub! Also ich habe wirklich nichts gegen Türken! Aber Mimi braucht das Kleid schlechthin und nicht so einen Schneiderfummel!«

Nina musste Stella recht geben, und so beschlossen wir: Wenn schon nicht Stellas gewünschte Städtetour quer über den Globus, dann wenigstens in eine heimische Metropole!

Stella rief begeistert: »Ab nach Berlin!«

Dort gab es eine Israelin, zu der sie mich unbedingt schleifen wollte ...

Und ehe wir's uns versahen, saßen wir im Bordbistro der Deutschen Bahn Richtung Hauptstadt, und Stella ließ mich mein Kleid auf ein Blatt Papier zeichnen, das sie aus ihrem Timer gerissen hatte. Ich malte das Kleid und war richtig stolz auf mein kleines Kunstwerk. Stella und Nina glotzten auf das Blatt, und Nina sagte: »Hm, ich glaube, es ist besser, wenn du es beschreibst. Also in Worten.«

»Na ja, Kunst ist nix für Anfänger«, beendete ich das Spielchen und schaute aus dem Fenster. »Also ...«, fing ich an, »... ich hätte gerne weiße Pfingstrosen aus Leder auf dem Kopf, wisst ihr, so wie eine antike Madonnenfigur, wie sie in alten Kapellen stehen. Und der Schleier ... also der

Schleier muss unbedingt Punkte haben, richtig viele Punkte, und eine kleine Schleppe. Das Kleid hat einen weiten langen Rock mit Taschen. Damit ich ein Taschentuch reinstecken kann, denn ich werde sicher viel heulen … Und ich hätte gerne ein Dreieck aus der gleichen Spitze wie der Schleier über meinem Bauch, als Zeichen für Glaube, Liebe, Hoffnung. Das Oberteil soll schlicht sein mit langen Ärmeln und so aussehen, als wäre es das Tanzoberteil einer Ballerina, und man darf nicht zu viel Busenansatz sehen! Und hinten … also von hinten hätte ich gerne, dass das Kleid einen Herzausschnitt hat, damit ihr alle in der Kirche immerzu das Herz seht, wenn ihr auf uns schaut. Also, das wäre es eigentlich. Meint ihr, wir finden so was in Berlin?«

Stella und Nina schauten sich an. Und Nina sagte: »Hm, also, ich glaube, dass wir vielleicht ein klitzekleines bisschen Mühe haben werden, ein Kleid mit einem Spitzendreieck über dem Bauch zu finden …«

»Das Dreieck ist wahrscheinlich ein Kinkerlitzchen gegen das Herz, aber es gibt so viele andere supersexy Couture-Kleider!«, gab Nina zu bedenken.

Ich wurde trotzig.

»Ich möchte aber nicht sexy aussehen, sondern elegant. Und ich möchte genau dieses Kleid!«

Nina grinste: »Wenn du bei deiner Suche nach einem Kleid genauso unnachgiebig bist wie bei deinem Otto, dann müsste uns das Universum ja helfen, dieses Kleid in Berlin zu finden!«

Stella witzelte: »Dauert dann wahrscheinlich aber ein paar Jahre, und so viel Zeit haben wir nicht … Wir gehen jetzt erst mal zu dieser Israelin und besorgen dir eines, das Otto ohnmächtig werden lässt!«

In den sündhaft teuren Kleidern der Israelin sah ich aus wie eine in Weiß angezogene Stripperin. Der Busen hochgeschnallt, Schlitz bis knapp über den Schlüpfer, dazu sehr viel Strass und Glitzer. Ich versuchte, Stella klarzumachen, dass ich erstens zu alt und zweitens zu kroatisch für solche Kleider war: »Aber du siehst doch selbst, Stella, ein Kleid mit zu viel Glitzer macht gleich was latent Billiges aus mir!«

Stella konterte: »Schätzchen, in einem 15.000-Euro-Kleid sieht nicht mal eine Bordsteinschwalbe billig aus!«

Ich stand in der Kabine und fing an zu stottern: »Ähm Stella, jetzt mal ohne Scheiß, das ist nicht ganz mein Budget, und ich möchte das Kleid selbst kaufen!«

Nina grinste, und Stella rief in die Kabine: »Süße, wir zwei beiden schenken dir das Kleid. Du bist doch unsere kleine Fee, und wir wollen dich in dem schönsten Fummel on earth sehen!«

Ich fing vor Rührung zwar sofort an zu heulen, wollte und konnte aber so ein Geschenk unmöglich annehmen. »Auf keinen Fall kann ich das annehmen«, schluchzte ich aus der Umkleidekabine, »auch wenn ihr die besten Freundinnen der Welt seid! Aber ich möchte es unbedingt selbst bezahlen, und außerdem kann ich wirklich nur heiraten, wenn ich genau mein Kleid finde ...«

Stella flüsterte Nina zu: »Nicht, dass das jetzt so eine Art Eskapismus ist? So ein Kleid finden wir doch nie im Leben!«

»Ich kann euch hören!«, rief ich. »Und hast du nicht eben selbst gesagt, dass ich in super Kommunikation mit dem Universum stehe, Nina?«

Die beiden gaben irgendwann nach, und ich zog – wie bei meiner ersten Hochzeit, nur diesmal in einer anderen Stadt und mit anderer Besetzung – durch alle Brautgeschäfte. Das Kleid fand ich natürlich nicht. Und da mir auch kein anderes gefiel und wir auch dringend eine Stärkung brauchten, schlenderten wir Richtung Lieblingsnobelrestaurant, ausgewählt von Nina. Die blieb auf einmal wie vom Donner gerührt vor einem Schaufenster stehen. Ihre Stimme überschlug sich förmlich, als sie auf den Nabel der Puppe deutete:»Das Dreieck aus Punkten!«

Wir kamen dazu und standen vor einem Brautladen, den wir auf unserer Brautladentour völlig übersehen hatten. Das Kleid sah exakt so aus wie das Kleid, das ich beschrieben hatte!

Stella stotterte:»Also, wenn das jetzt noch einen Herzausschnitt am Rücken hat, fresse ich einen Besen!«

Als wir den Laden stürmen wollten, mussten wir leider feststellen, dass er seit genau zehn Minuten geschlossen hatte.

Nina fing an, wie eine Irre an die Scheibe zu klopfen, und Stella rief:»Hallo?! HALLO?! Ist da noch jemand?«

Die beiden schienen komplett außer sich zu sein ob der Tatsache, dass da ausgerechnet das von mir erträumte Kleid hing! Aus dem Separee trat eine Verkäuferin und schaute uns verdutzt an. Sie sperrte die Tür noch mal auf und fragte besorgt:»Kann ich Ihnen helfen?«

Nina schnaufte:»Mein Herz!«

Und Stella korrigierte:»Sie meint nicht ihr, sondern DAS Herz! Können wir bitte das Kleid im Schaufenster von hinten sehen?«

Die Verkäuferin schaute uns nun noch verdutzter und mit fragendem Blick an. Aber sie erkannte wohl den Ernst der Lage und meinte: »Na gut, dann kommen Sie mal rein!«

Stella, Nina und ich stürmten rein, um das Kleid von hinten zu betrachten, und siehe da: Es hatte einen riesigen Herzausschnitt.

Da standen wir nun, alle drei wie angewurzelt, und heulten.

Es sah haargenau so aus wie das Kleid aus dem Zug.

Stella schluchzte: »Mimilein! Du kannst zaubern!«

GOTT LIEBT
SEINE SCHÄFCHEN

Das Kleid hatte ich also schon mal und verbrachte die nächsten Monate im Freudentaumel über meine bevorstehende Hochzeit und mein zauberhaftes Leben mit Otto. Den Termin im Schloss hatten wir ja schon seit dem verschneiten Neujahrsmorgen, und da ich die Konfession gewechselt hatte, stand unserer kirchlichen Trauung nichts mehr im Wege. Fehlte jetzt nur noch der Pfarrer – und den hatte Otto nach langer Suche endlich gefunden.

Es war Gründonnerstag. Mit Gründonnerstag beginnen die drei Tage von Leiden, Tod und Auferstehung Jesu. Was ich noch nicht ahnte: Auch *mein* Leiden sollte hier beginnen …

Als Otto und ich die riesige Kirche des Pfarrers betraten, war schon alles für Karfreitag vorbereitet. Sämtlicher Schmuck war entfernt. Glocken und Orgel waren für die nächsten drei Tage verstummt. Von den Kirchenmauern hallte uns jeder Schritt entgegen, den wir Richtung Kanzel gingen. Dort wartete bereits der Pfarrer auf uns. Dick und rotgesichtig sah er aus, und selbst seine Nase leuchtete wie ein löchriger, roter Mond.

»Grüßt euch Gott, alle miteinander! Da habt's ihr aber Glück, dass ich euch traue«, rief er uns laut und voller Selbstbewusstsein durchs Kirchenschiff entgegen. Andächtiges Schweigen war wohl seine Sache nicht. Er streckte uns die dicke Klaue entgegen, wobei die Knöpfe an seinem gespannten Jackett so zitterten, als wollten sie gleich abspringen.

Seine Sekretärin Lucia hatte uns vorgewarnt, dass der Herr Pfarrer Fürchtegott Fromm – so hieß der Gute tatsächlich – »sehr gerne plaudern tät« und wir uns deswegen am Vormittag lieber nichts weiter vornehmen sollten.

Sie hatte nicht übertrieben: Der Pfarrer gab sofort lauthals damit an, welche nachhaltigen, exzellenten und bedeutenden Predigten er schon alles gehalten hatte und wie wichtig es wäre, das Wort Gottes in die Welt zu tragen.

»Er meint wohl eher, seine eigenen Worte als das Wort Gottes …«, flüsterte ich Otto zu. »Was für ein Angeber!«

Otto drehte sich kurz zu mir um, schaute mich streng an und zischte: »Mimi, bitte reiß dich zusammen, wir können froh sein, dass wir überhaupt einen Pfarrer gefunden haben!«

Damit hatte Otto leider recht: Die Suche nach einem Pfarrer war schwieriger als erwartet gewesen. Irgendwie wollte halb Deutschland ausgerechnet an *unserem* Tag heiraten. Und weil wir zu spät dran waren, hatte es von allen Seiten nur Absagen gehagelt. Wir hatten die Hoffnung schon fast aufgegeben, überhaupt noch jemanden zu finden. Wie aus dem Nichts war da als Retter in der Not Hochwürden aufgetaucht. Und siehe da: Er hatte Zeit und Lust und überhaupt eine Menge zu erzählen. Er behauptete sogar, auf Pflanzen Gottes Segen herabbeschwören zu können. Nicht umsonst hieße er Fürchtegott Fromm! Und das klinge ja fast wie Früchtegott. So habe auch sein Apfelbaum nach vier Jahren wieder geblüht, nur weil er einmal die Baumrinde segnend berührt hatte. Dabei hob er seinen dicken Zeigefinger und rief: »Einmal berührt! Einmal!«

Meine Bemerkung, dass ich zwar kein Apfel sei, dafür aber eine Menge Orangenhaut vorzuweisen hätte, ignorierte er einfach und versicherte, er könne jedes menschliche Gemüt zum Aufblühen bringen. Jedes!

»Sehen S', Herr Steiner, Sie sind bei mir in sicheren Händen!« Dabei würdigte er mich keines Blickes. Entweder hatte ihn das Wissen über die Hautbeschaffenheit der zukünftigen Frau Steiner verstört, oder er nahm mich schlicht und ergreifend nicht wahr und dachte, der Herr Steiner würde sich selbst heiraten.

Er redete wie ein Wasserfall – die Niagarafälle waren gegen seinen Wortschwall ein plätscherndes Bächlein. Mit diesem Bild vor Augen musste ich plötzlich dringend zur Toilette.

»Ottoooo«, versuchte ich, meinen Zukünftigen, der dem Fürchtegott immer noch höflich zugewandt war, zu erreichen, »ich muss mal! Und wenn er so weiterredet, bluten mir außerdem die Ohren, so, wie dem armen Jesus die Hände!«

Otto schob mich dezent zur Seite, und Pfarrer Fromm klopfte sich selbstgefällig auf den dicken Bauch. Er sah aus wie kurz vor der Niederkunft, plapperte aber unaufhörlich weiter: »Wissen S', Herr Steiner, wie der Moses damals das Meer geteilt hat, hat auch jeder des Wunder sehen können, und er hat sein Volk gerettet! Und wir hier unten, meine Zunft, wissen S', wir sind die Abgesandten vom Moses! Und ich, Herr Steiner, ich erst recht, schließlich hat meine Wenigkeit persönlich in Ägypten missioniert!«

Ich holte tief Luft. Der Klugscheißer in mir regte sich. Auch an Otto gewandt sagte ich: »Na jaaaa, also eigentlich gab es da wohl eher einen Übersetzungsfehler in der Bibel. Es war nämlich gar kein Meer, sondern ein See! Und der soll von einer Dürre ausgetrocknet gewesen sein, sodass ein kilometerlanger Durchgang entstand! Da musste der Moses dann nur noch durchlaufen ...«

»Papperlapapp!«, entgegnete der Pfarrer und schaute mich jetzt erst recht nicht mehr an. »Jetzt kommen S' aus den Löchern, die Forscher, und wollen die göttlichen Wunder widerlegen!« Er klatschte in die Hände und rief: »Auf ein Kaltgetränk in meinem Büro, Herr Steiner?«

Ich kniff Otto in den Oberarm: »Das ›göttliche Wunder‹ ist ein Phänomen namens ›wind setdown‹«, belehrte ich ihn weiter, inzwischen aufgestachelt wie ein Igel, »dabei drücken Winde mit einer Geschwindigkeit von hundert Kilometern pro Stunde das Wasser in eine Richtung, sodass eine Sturmflut entsteht!«

Otto schaute mich bettelnd an: »Mimi ... Jetzt ist...«, und der Pfarrer Fromm rauschte theatralisch ab.

Ich rief ihm hinterher: »Und auf der anderen Seite, von der der Wind drückt, verschwindet dann das Wasser. Nix Wunder! Das war nicht Moses, sondern die NATUR!«

Die Katastrophe war im Anrollen ...

Otto sah's kommen und versuchte zu schlichten. »Wie dem auch sei, Mimi ... Die Natur kommt ja auch von Gott, stimmt's, Herr Pfarrer Fromm?«, rief er ihm hinterher.

»Naa, des hat aber nix mit dem Moses zu tun!«, grantelte dieser zurück.

»Und das mit der unbefleckten Empfängnis ist auch so ein ›göttliches Wunder‹, nicht wahr?«, provozierte ich weiter.

Und siehe da! Plötzlich hatte ich nun doch Fürchtegott Fromms Aufmerksamkeit. Er blieb so abrupt stehen, als hätte ihm jemand den Stecker gezogen, funkelte mich mit seinen Schweinsäuglein an und antwortete: »Des, verehrtes Fräulein Fiedler, müssen S' die Katholen fragen!«

Und da war es wieder, das Fräulein. Und außerdem war ich gar nicht mehr katholisch!

Meine Fantasie ging mal wieder mit mir durch: Ich sah ihn, hundert Jahre zurückversetzt, an einer Tafel sitzen, mit einem verschmierten Talar, den Wein völlig unfromm aus den Mundwinkeln tropfend und in eine Fleischkeule beißend, und holte schon zum Gegenschlag aus.

Otto jedoch unterbrach meinen Film: »So, JETZT muss meine Zukünftige rasch die Waschräume aufsuchen. Du musstest doch dringend, oder?!«

Kurze Zeit später hockte ich auf der Toilette des Gemeindehauses. Otto wartete vor der Tür und seufzte: »Also, Mimi, so wird das nix. Wir brauchen doch einen Pfarrer! Wenn der uns abspringt, haben wir niemanden.«

Ich zog laut an der Klopapierrolle und sagte: »Er hat mich Fräulein genannt, Otto! Er ist ein Chauvinist! Und er hat mich die ganze Zeit über nicht angesehen! Wie stellt der sich das dann bei der Trauung vor, hm? Will er da auch nur dich angucken, oder wie?«

»Liebling, vielleicht war er auch einfach ein bissel verstört von dir? Und außerdem hat er dich zum Schluss doch angeschaut …« Ich konnte hinter der Tür förmlich sehen, wie Otto grinste.

Ich steigerte mich weiter rein: »Pff! Und wie der schon heißt! Fürchtegott Fromm! Das ist doch ein Künstlername.

Wahrscheinlich ist er nicht mal Pfarrer! Nee, also der geht gar nicht!«

Ich drückte die Klospülung, ließ den Klodeckel geräuschvoll fallen und fügte bockig hinzu: »Der hat hundertpro Dreck am Stecken!«

Mein armer zukünftiger Ehemann seufzte erneut. Er überlegte wohl, wie er mich überzeugen könnte, lieber den Pfaffen mit Dreck am Stecken zu nehmen als gar keinen.

»Lass uns doch wenigstens das Traugespräch mit ihm führen, und wenn das nichts ist, suchen wir eine andere Lösung!«

Wir wussten natürlich beide, dass es diese andere Lösung nicht gab.

»Hm«, sagte ich daher versöhnlich und kam aus der Kabine raus, »also gut! Aber wenn der mich bei unserem Traugespräch auch nicht anschaut und religiösen Unsinn erzählt, dann nehmen wir ihn nicht!«

»Aber religiöser Unsinn ist sein Job, da musst du schon ein Auge zudrücken«, grinste Otto schon wieder.

TRAU(ER)GESPRÄCH

Otto hatte den Herrn Fromm bereits für den nächsten Tag, Karfreitag, zu uns nach Hause eingeladen. Innerlich sah ich alle paar Sekunden seinen feisten Mund vor mir, aus dem in verzerrter Zeitlupe das Wort »Fräääääääuuuleiiiiin« hallte, versuchte aber trotzdem, mein Bestes zu geben: Der Tisch war hübsch gedeckt, die Brezeln frisch aufgebacken, und ich hatte sogar meine Lieblingsservietten auf den Tisch gelegt.

Der Pfaffe hatte sich noch nicht mal gesetzt und fragte sofort nach Weißbier: »Gehört doch zu einer zünftigen bayerischen Brotzeit, gell?«

Um zehn Uhr in der Früh, klar! Auch eine zünftige Brotzeit sah ich nicht: Am Karfreitag, dem Höhepunkt der Fastenzeit, würde ich die hier sicher nicht auffahren!

Er kippte das Bier so schnell runter, als wäre es Wasser, und fragte höflich, wenn es denn keine Umstände mache, nach Nachschub.

Da wollte ich es wissen: »Sagen Sie, Herr Pfarrer, ist der Karfreitag nicht eigentlich ein strikter Fast- und Abstinenztag?«, stichelte ich.

»Eben, eben, drum halt ich mich ja auch so zurück«, entgegnete er in aller Seelenruhe. »Aber bringen S' zur Sicherheit zwei, Fräulein Fiedler!«

Otto schaute mich kurz an und sah, dass meine Gesichtszüge erneut zu entgleiten drohten. Mir war natürlich sofort wieder das Fleischkeulenbild in den Sinn gekommen.

Und auch, wie ich Fürchtegott damit einfach eins überbraten könnte.

»Liebste, du kannst ja, derweil ich mich hier um den Pfarrer Fromm kümmere, einen Tee für mich aufsetzen!«

Ich hob die Augenbrauen und deutete auf die volle Teekanne: »Warum soll ich denn noch mal Tee aufsetzen? Da steht doch welcher.«

Ottos Blick war jetzt seeeehr streng, und diese Strenge ließ keinerlei Diskussion zu. Er wollte den Pfaffen, es gab ja auch nur diesen! Ich ging also in die Küche, schüttete ein neues Weißbier in ein frisches Glas, nahm zur Sicherheit die zweite Flasche mit und beschloss, das brave Fräulein Fiedler zu geben. Wozu war ich denn Schauspielerin?

»Soooo, dem Herrn Fromm sein Bier, auf Ihr Wohl!«, flötete ich und lächelte dem Pfarrer zu. Der lächelte auch, sah dabei aber nicht mich an, sondern meinen Zukünftigen, nahm mir das Glas aus der Hand, trank einen großen Schluck und sah sich dann neugierig in unserem Wohnzimmer um. Dabei streichelte er wieder seinen Bauch. »Gehobene Einrichtung, der Herr Steiner, alle Achtung, man sieht den Mann von Welt.«

Otto grätschte schnell dazwischen: »Und die Frau von Welt!«

»Selbstverständlich, selbstverständlich, aber …«, Pfarrer Fromm kam nicht weiter mit seinem Satz, weil ich ihm das noch halb volle zweite Weißbierglas aus der Hand nahm. Jetzt wurde ich richtig sauer. »Ich sollte lieber wieder in die Küche verschwinden, sonst gibt es ein Massaker«, dachte ich noch.

Blitzschnell nahm mir Otto das Glas aus der Hand. Er befürchtete wohl, ich könnte es dem Pfaffen sonst über seinen kahlen Kopf kippen. »WIR holen jetzt ZUSAMMEM ein paar frische Brezeln, mein Schatz!«

Und während Fürchtegott Fromm begeistert bemerkte: »Das nenne ich Service, Herr Steiner!«, bugsierte mich mein Otto geschickt aus dem Wohnzimmer und zischte: »Nicht schütten, Mimi, bitte!«

Otto redete in der Küche mit Engelszungen auf mich ein: »Liebste, ich bitte dich, ich BITTE dich, lass es über dich ergehen. Ich weiß, er ist ein bisschen …«, Otto suchte nach dem richtigen Wort, »… speziell …«

Ich lachte auf: »Speziell?! Er ist der Donald Trump unter den Pfaffen! Ich bin doch nicht evangelisch geworden, damit mich ein Chauvi mit dir verheiratet! Da hätte ich auch katholisch bleiben können! Der twittert doch sicher auch den ganzen Tag, wie unglaublich toll er ist!«

Otto sagte beschwörend und sehr, sehr nachdrücklich: »OHNE Fürchtegott KEINE Trauung! Ich habe ganz Deutschland abtelefoniert, es gibt eben nur ihn!«

Das darauf folgende Traugespräch mit dem Pfarrer war lang und schwierig. Und ich verfiel irgendwann in tiefstes und gefährliches Schweigen. Nach einer geschlagenen Stunde hatten wir immer noch nicht über den Ablauf unserer Trauung, geschweige denn unserer Ehe gesprochen, aber wir wussten alles über den glorreichen Werdegang des Herrn Fromm. Ich spürte, dass ich nun entweder das Feld verlassen oder die Schlacht beginnen musste.

Als der Pfarrer dann vorschlug, bei unserer Trauung Adam und Eva und die Rippe in seiner Predigt zu erwähnen, wusste Otto, dass es Alarmstufe Rot war. Und die kroatische Alarmstufe Rot war Dunkelrot. Röter als rot.

Dem Fürchtegott schien das am Allerwertesten vorbeizugehen, denn er sinnierte: »Und sehen S', ich wurde ja vom Herrgott nicht umsonst mit dem Namen beehrt, Herr Steiner, wissen S', als Fürchtegott Fromm wirst halt kein Friseur!«

Otto hielt unter dem Tisch meine Hand, drückte sehr fest zu und schaute mich flehend an.

Ich verstand den Hinweis: »So, Herr Fromm!« Ich erhob mich mitten in seinem neuen Satz: »Ich unterbreche Sie wirklich äußerst ungerne, aber mir blu…«

Otto unterbrach mich gekonnt und vervollständigte: »… bbert der Tee.«

Ich sah Otto an und wusste, dass das hier nicht mehr besser werden würde. Also wiederholte ich: »Mir blubbert der Tee, und deswegen muss ich mich jetzt dringend verabschieden, bevor noch der Deckel hochgeht. Und das wollen wir ja alle nicht. Stimmt's, Otto? Du übernimmst jetzt den Herrn Fromm. Und ich verabschiede mich.« Ich hob die Hand zu einem High five, und meine Hand blieb in der Luft in einer merkwürdigen Schräglage stehen. Otto starrte auf die Hand, Fürchtegott starrte auf die Hand, und ich starrte auf die Hand und nahm sie daher schnell wieder runter: »Ähm. Also. Nichts für ungut, Gott fürchte Sie, äh ich meinte, segne Sie, Herr Fromm! Den Rest machen Sie dann mit meinem Otto?«

Mein Otto hatte Mühe, sich zusammenzureißen. Während er zustimmend nickte, raunte er mir zu: »Zisch bloß ahaab!«

Aus der Küche hörte ich nur noch, wie der Herr Fromm meinem zukünftigen Ehemann ins Gewissen redete: »Die

Ehe zwischen Mann und Frau ist das Abbild der Beziehung zwischen Jesus und seiner Kirche – also etwas ganz Besonderes. Daher ist sie auch so lange gültig, bis einer von Ihnen verstirbt. Fürs Ehevorbereitungsprotokoll muss ich Sie des jetzt fragen, Herr Steiner: Gehen Sie die Ehe mit dem Fräulein Fiedler wirklich freiwillig und ohne Zwang ein?«

MARGOT HILFT

Zwei Tage später saßen Otto und ich im Auto auf dem Weg zum Grab seiner Eltern. Es war Ostersonntag, einen Tag nach dem Geburtstag seiner Mutter. Zwei Tage waren also seit unserem Traugespräch vergangen, aber ich war noch immer angefressen und wollte keinesfalls, dass dieser grässliche Pfarrer Fromm uns traute.

»Der Pfarrer ist richtig bescheuert, Otto«, meckerte ich, »den können wir nicht nehmen!«

Otto schaute stoisch weiter auf die Straße und antwortete: »Von Können ist hier auch nicht mehr die Rede, wir *müssen*, Mimi. Sieh's doch endlich ein!«

»Aber du hast schon gemerkt, was das für ein Chauvi ist, oder? Ich meine, ich kann mich doch nicht dauernd mit Hinz und Kunz anlegen, weil ich für die Rechte der Frauen kämpfe, und dann traut uns dieser Gockel?«

Otto fing an zu lachen: »Die Rechte der Frauen?!«

Ich wurde sauer: »Ja! Die RECHTE DER FRAUEN! Ich möchte nicht von einem Chauvi getraut werden, der *dir* antwortet, wenn *ich* eine Frage stelle!«

Otto grinste.

»Schön, dass du dich amüsierst!«, knurrte ich. Offenbar fand er meine Einstellung lustig. Und das wiederum fand ich nicht lustig. »Außerdem: Was war denn das überhaupt für ein Traugespräch, hm? Er hat uns keinen einzigen Ehetipp gegeben. Macht man das nicht so als Pfarrer?«

Otto schaute mich kurz von der Seite an und sagte:

»Wozu brauchen wir beide denn Ehetipps, wir sind doch Profis!«

Ich schwieg. Und grummelte.

Schweigend parkten wir den Wagen und schweigend gingen wir den Kiesweg zum Friedhof entlang, vorbei an sorgsam geschnittenen Buchsbäumen. Doch als wir durch das Friedhofstor traten, war mein Ärger schon halb verflogen. So wunderschön verwunschen war dieser kleine Friedhof – ein wirklich magischer Ort. Er lag etwas außerhalb von München auf einem kleinen Hügel. Die Vögel zwitscherten, und alles war so friedvoll, als wäre die Zeit stehen geblieben …

Ottos Mutter Lisbeth hatte dem jüngsten und störrischsten ihrer acht Sprösslinge immer eine Frau gewünscht, die ihm die Stirn bieten konnte. Kochen sollte sie natürlich auch können. Otto senior, der Pfarrer gewesen war, hatte seinem Sohn stets nahegelegt, dass er nicht nur den lieben Gott, sondern auch ein richtiges »Bratkartoffelverhältnis« in seinem Leben brauchte. Mit »Bratkartoffelverhältnis« meinte er eine Frau, die kochen konnte! Nach einigen gescheiterten Versuchen trat dann ich in Ottos Leben: eine Frau mit Kochkünsten, und eigensinnig sowieso. So wie sich das seine Eltern für ihn vorgestellt hatten, davon war Otto überzeugt.

Wie wir so vor dem Grab standen – und wir besuchten es oft –, waren wir uns sicher, dass uns die beiden aus dem Himmel verkuppelt hatten. Matchmaking in heaven sozusagen.

Doch ich wäre nicht Mimi, wenn ich mich von der Idylle um uns herum ganz hätte beruhigen lassen.

Die kleine Rebellin in mir stapfte vor dem Grab von Otto

senior mit dem Fuß auf: »Dein Vater war ein toller Pfarrer – das sagen alle. Er hat bei seinen Traugesprächen sicher nicht so einen gequirlten Quatsch von sich gegeben! Und er hatte hundertpro Ehetipps für seine Schäfchen – weil man das als Pfarrer nun mal so macht!«

Mit provokantem Unterton schlug Otto vor: »Dann frag meinen Papa doch einfach, Mimi!«

»Das mache ich auch, darauf kannst du einen lassen!« rief ich, kratzbürstig wie eine kleine Hyäne. Alles in mir sperrte sich gegen das Dickerchen im Talar.

Wir schwiegen wieder. Ich starrte schmollend auf das Grab. Die Azaleen blühten in den schönsten Farben, und hinter dem Grablicht stand eine kleine Figur der heiligen Elisabeth. Die hatten Otto und ich Lisbeth einmal aus Eisenach mitgebracht, weil sie nämlich genauso hilfsbereit und großzügig gewesen war wie ihre berühmte Namensvetterin. Als Pfarrersgattin hatte sie sich ihr Leben lang um arme und bedürftige Menschen gekümmert. Und das, obwohl sie selbst ziemlich eigensinnig war. Was Lisbeth nicht wollte, wurde auch nicht gemacht, und wenn sich ihr Otto auf den Kopf stellte.

Um mich abzureagieren, fing ich an, das Unkraut zwischen den Blumen rauszurupfen. Otto beobachtete mich, und mit einem Lächeln sagte er: »So, Papa, meine Zukünftige fragt sich, was du wohl bei unserem Traugespräch gesagt hättest! Sie findet nämlich unseren Pfarrer nur mittel ...«

»Nee, ich finde ihn nicht ›mittel‹«, korrigierte ich. »Ich finde ihn gruselig! Du hättest den sicher nicht gemocht, Schwiegerpapa!«

Mit einem Stängel Löwenzahn in der Hand sprach ich beschwörend ins Grab: »Der muss weg! Wir brauchen einen neuen, dringend! Und wir brauchen einen gescheiten Ehetipp!«

Und noch ehe Otto junior etwas sagen konnte, drang vom Nachbarsgrab eine Stimme zu uns her. Eine schmale ältere Dame kam heran und fragte uns: »Ich möchte Sie ungerne stören, aber hätten Sie zufällig Zündhölzer dabei? Ich habe meine vergessen und würde gerne die Kerzen auf dem Grab anzünden.«

Die Frau war sehr adrett zurechtgemacht – sicher kam sie gerade vom Ostersonntagsgottesdienst. Sie war ein kleines und energisches Persönchen mit hellblauen, glasklaren Augen. Sie roch nach Rosenwasser, und der Duft erinnerte mich prompt an die Geschichte der Königstochter Elisabeth, die wir seinerzeit beim Kauf der kleinen Figur auf der Wartburg in Eisenach gehört hatten.

Man erzählte sich nämlich, ein starker Rosenduft habe die heilige Elisabeth immer umgeben. Und obwohl sie selbst eine Königstochter war und ihr Gemahl der reiche Landgraf von Thüringen, gehörte ihr Herz doch den Armen. Sie konnte es nicht ertragen, auf der Wartburg in Saus und Braus zu leben, während ringsum im Land die Menschen Hunger litten. So ging sie zu den Bettlern und teilte mit milder Hand aus, was diese zum Leben brauchten. Der Ruf ihrer Barmherzigkeit verbreitete sich im ganzen Land. Landgraf Ludwig sah es nicht gerne, dass Elisabeth zu den Armen ging und auch die Berührung mit Kranken nicht scheute. Zunächst ließ er sie zwar gewähren. Aber als er sie wieder einmal mit ihrem Gabenkorb auf dem Weg vor der Burg traf, hielt er sie auf: »Was tragt Ihr da in Eurem Korbe?«

Elisabeth wollte ihren Gemahl nicht betrüben und doch

auch ihre Christenpflicht nicht versäumen. In ihrer Not stammelte sie verwirrt: »Es sind nur Rosen, Herr!«

Ungläubig und voller Zorn riss da der Landgraf die Decke vom Korb. Sein Grimm verwandelte sich in Erstaunen und Bestürzung. Denn die Gaben im Korb der Landgräfin Elisabeth hatten sich tatsächlich in nichts als Rosen verwandelt. Von diesem Tag an ließ Landgraf Ludwig seine Frau schalten und walten, wie ihr liebendes Herz es ihr eingab. Und dort, wo sich die heilige Elisabeth zeigte, duftete es überall nach Rosen.

»Sie duften aber schön nach Rosen!«, sagte ich nun zu der älteren Dame. »Leider haben wir keine Zündhölzer oder ein Feuerzeug, aber wir können uns einfach ein bisschen Feuer von einem anderen Grablicht leihen.«

Sie lächelte dankbar, übergab mir ihre Kerze und hakte nach: »Nach Rosen? Das ist interessant, denn ich benutze gar kein Parfum!«

Ich suchte im Gebüsch nach einem Stöckchen, das ich an einem der anderen Grablichter entzünden könnte. »Merkwürdig«, dachte ich, denn es roch ganz eindeutig stark nach Rosenwasser. Aber ich sagte nichts mehr.

Otto fragte neugierig: »Und wen besuchen Sie?«

Die Dame hielt kurz inne, seufzte leise und sagte: »Ich besuche meine beiden Männer!«

Ich rief von einem Nachbarsgrab, immer noch auf der Suche nach Feuer: »Oh, Sie waren dann also auch zwei Mal verheiratet? Wir heiraten auch noch mal!«

Die Dame antwortete: »Nein, nein, junge Dame. Mein Mann und mein Sohn liegen hier.«

Ich hatte es endlich geschafft, ihre Kerze zu entzünden, und hielt beschützend die Hand um die Flamme.

Vorsichtig ging ich zurück zu ihrem Grab. »Das tut mir sehr leid für Sie«, sagte ich leise, während ich ihr die Kerze übergab.

Otto hakte nach: »Wie sind sie gestorben?«

Die Dame antwortete: »Mein Sohn war sehr krank und ist mit siebenundzwanzig gestorben, und ich glaube, das Herz meines Mannes hat den Tod unseres einzigen Kindes nicht verkraftet. Es ist ein paar Jahre später einfach stehen geblieben.«

Wir standen alle drei um das Grab ihrer beiden Männer und schwiegen. Dann fragte sie: »Und wen besuchen Sie?«

Ich antwortete: »Wir besuchen meine Schwiegereltern. Leider habe ich sie nie kennenlernen dürfen!«

Otto deutete auf die Friedhofskirche und zum Grab seiner Eltern und sagte: »Mein Vater war vierzig Jahre Pfarrer hier im Viertel, und meine Mutter war seine rechte Hand. Und seine linke!«

Die Dame stutzte und fragte: »Er war hier Pfarrer? Pfarrer Otto Steiner?«

»Ja, richtig, Otto Steiner, das war mein Vater. Kannten Sie ihn?«

Da grinste sie übers ganze Gesicht: »Und ob ich ihn kannte! Er hat meinen Sohnemann hier getauft und beerdigt und mich und meinen Mann getraut.«

Mir stockte der Atem. Er hatte sie getraut?

Sie erzählte weiter: »Wissen Sie, ein Ehetipp Ihres Vaters ist uns nie aus dem Kopf gegangen, meinem Mann und mir. Und wir haben immer daran gedacht, wenn wir uns gezankt haben!

Er hat uns im Trauegespräch gesagt, dass wir nie zerstritten ins Bett gehen oder uns im Streit voneinander trennen dürfen. Der eine muss dem anderen immer die Hand reichen.«

Otto blieb der Mund offen stehen. Ich musste lachen.

Die Dame schaute mich an und lachte unwillkürlich mit, obwohl sie den Grund gar nicht kannte. Ich sagte: »Sie hat der Himmel geschickt, wissen Sie das?« Und dann drückte ich die verdutzte Dame, so fest ich konnte. »Jetzt kann nichts mehr schiefgehen, wir haben unseren Ehetipp soeben erhalten!« Otto stand noch immer der Mund offen.

Dann fügte die adrette Dame noch hinzu: »Ihr Vater war so ein guter Pfarrer – davon gibt es heute nur noch wenige!«

Ich reichte ihr die Hand: »O ja! Das können Sie laut sagen! Ich bin übrigens Mimi, und das hier – ich stupste Otto von der Seite an – ist auch Otto. Er hat den Namen seines Vaters geerbt!«

Ihre hellblauen Augen blinzelten, und ich hätte schwören können, dass ich in ihnen eine Komplizenschaft entdecken konnte: »So, jetzt muss ich aber weiter! Es war schön, mit Ihnen zu plaudern!« Sie drückte mir zum Abschied noch mal fest die Hand und sagte: »Mein Name ist übrigens Margot. Margot Hilft.«

Dann ging Margot Hilft mit kleinen energischen Schritten den Friedhofsweg entlang zum Ausgang. Sie drehte sich noch einmal winkend zu uns um, bevor sie in einem dicken Sonnenstrahl am Ende des Weges verschwand.

HERZBLATT

Ich hatte keinen blassen Schimmer, wo ich war. Mir war irgendwie seltsam heiß, und überall liefen die Leute geschäftig an mir vorbei, während ich mich Hilfe suchend umschaute. Da entdeckte ich die Kameras.

»Aha«, dämmerte es mir langsam, »anscheinend bin ich in einem Filmstudio gelandet.« Da sah ich auch schon drei Hocker, eine kleine Bühne und eine Trennwand. Ein bisschen unsicher setzte ich mich auf einen der Hocker. Träumte ich?

Und – flash – als wäre das das Zeichen gewesen, ging ein Spotlight an, und links und rechts neben mir saßen, wie durch Zauberei, auf einmal zwei andere Frauen – mit auftoupierten Haaren und Schulterpolstern on top.

»Vielleicht seh ich ja genauso aus?«, schoss es mir durch den Kopf. Und da ich keinen Spiegel zur Hand hatte, griff ich mir ins Haar – besser gesagt, ins Haarspray, und davon in eine ganze Menge …

Da ertönte ein Jingle. »Den kenn ich von irgendwoher …«, überlegte ich noch. Bevor ich jedoch zu Ende denken konnte, kam: RUDI CARRELL.

Hinter ihm ein Saal voller Publikum, alle Leute mit auftoupierten Haaren und Schulterpolstern.

»Heiliger Bimbam«, dachte ich, »wie komme ich denn hierher?«

Er lächelte uns drei Damen an, dann deutete er mit dem Kopf in meine Richtung und sagte: »Willkommen bei *Herzblatt,* bitte stellen Sie sich vor!«

Ich schaute ihn perplex an und hörte mich sagen: »Ich heiße Mimi Stoß, bin in Geildorf geboren und arbeite zurzeit in der Condomeria in Frankfurt!«

Das Publikum lachte, und Rudi Carrell hakte nach: »Noch mal, wiederholen Sie das: Sie heißen Mimi Stoß und sind in …«

Das Publikum kreischte und applaudierte! Rudi Carrell schaute so süffisant wie immer und fügte mit seinem unverkennbaren Holland-Akzent hinzu: »… Geildorf geboren! Das is ja mal en Ding! ›Condomeria‹ heißt das? Ich kenn das Wort überhaupt nicht, aber ich nehme an, dass es ein Laden ist, wo man … äh …«

Ich stotterte: »Äh, ja!«

Rudi Carrell lachte: »Also, Sie stehen da in dem Laden, und dann kommen Ihre Kunden, und …?«

Ich stottere weiter: »Ich sitze vorwiegend, aber die Kunden kommen, ja!«

Wieder Gelächter.

Rudi hakte nach: »Was für Leute sind das?«

Und ich antwortete: »Ach, durch die Reihe … von den Studenten bis zu den Managern mit Krawatte – alles!«

Er grinste: »Aber ohne … Junge, Junge! Liefern Sie auch nach Hause?«

Ich machte eine Pause und blickte ins Publikum. Niemand da, den ich kannte, keiner, der mir jetzt aus der Patsche helfen konnte: »Nein, leider nicht. Ich liefere nicht frei Haus, und ich passe auch nicht an.«

Im Publikum sprangen alle in völliger Begeisterung auf, deuteten mit dem Finger auf mich und bogen sich vor Lachen. Ein paar riefen: »Mimi Stoß! Mimi Stoß!« Langsam wurde ich hysterisch. Die Gedanken in meinem Kopf fuhren Karussell: »Warum heiße ich denn um Himmels willen STOSS mit Nachnamen? Hatte ich den etwa schon wieder gewechselt? Wie war ich denn bloß auf so was gekommen?«

Dann stellten sich die anderen beiden Frauen vor. Die Wand wurde zugeschoben. Ich hatte nur noch ein Rauschen im Ohr. Rudi bat nun den Kandidaten auf die Bühne, der am Ende der Fragerunde eine von uns auswählen sollte. Der Applaus ebbte ab. Der Kandidat setzte sich und stellte sich vor.

Mit einem ziemlich erotischen französischen Akzent erklärte er, er komme aus Frankreich.

»Männer mit einem Akzent sind sowieso die besseren Liebhaber«, betonte Rudi, worauf das Publikum wieder völlig ausflippte. Der Entertainer hakte nach: »Woher aus Frankreich kommen Sie denn?«

Der Franzose antwortete: »Villebon-sur-Yvette.«

Mir gefror das Blut in den Adern! Villebon-sur-Yvette? Das Kaff, aus dem mein Jugendschwarm Jean-Baptiste kam? Der Austauschschüler, so süß, charmant, von allen Mädchen begehrt und mit hellblondem, lockigem Haupthaar, am restlichen Körper dagegen völlig unbehaart?

Ich bekam schwitzige Hände, und mein Puls raste. Ich war in Wallung. »Immerhin«, dachte ich, »ich bin offensichtlich wieder jung und habe glatte Beine, falls der Franzose mich auswählt«, und schaute sicherheitshalber noch mal an mir herunter.

Aber da waren keine glatten Beine! Ich trug eine olle Fein-
strumpfhose, durch die borstige Beinhaare hindurchschos-
sen. Ich sah aus wie ein Schimpanse! Mir wurde schlagartig
noch übler. Wie um alles in der Welt war ich bloß in diese
Dating-Show geraten? Frau sucht Mann? Ernsthaft? Ich
konnte mich gar nicht daran erinnern, mich beworben zu
haben. Hatte mich vielleicht Stella angemeldet, damit ich
endlich mal wieder Sex hatte? Oder war es ein gut gemeinter
Verkupplungsversuch von Nina gewesen, nach meinen zahl-
reichen Fiaskos mit geizigen Polygamisten, Heiratsschwind-
lern, Bruchpiloten und sodomitischen Reitlehrern, für mich
einen seriösen Partner fürs Leben zu finden?

Und warum musste da auch ausgerechnet der verdamm-
te Franzose aus diesem elenden Villebon-sur-Yvette mit-
machen? Haben die in Frankreich keine eigenen Da-
ting-Shows?

Mein Unbehagen wuchs ins Unermessliche, als Rudi den
Franzosen fragte: »Und? Verraten Sie uns Ihren Namen?«

Der Franzose machte eine Kunstpause und sagte dann:
»Isch eiße Jean-Baptiste.« Jean-Baptiste?! Aus Villebon-sur-Yvette? Bitte nicht … Diesen Namen hatte ich seit
meinem Fiasko mit dem bescheuerten Austauschschüler
aus meiner Schulzeit erfolgreich verdrängt.

Das Publikum klatschte, und die Bühne begann sich zu
drehen. Plötzlich saßen im Publikum auch keine Menschen
mehr, sondern lauter Affen!

»Grundgütiger, bitte befreie mich«, betete ich. Kein zweites
Mal würde ich die Schmach ertragen, dass Jean-Baptiste an
meinen Armhaaren zog, so wie damals auf der Schulfete!

Aber da kam schon die erste Frage. Jean-Baptiste übersprang die erste Kandidatin und fragte in seinem süßen Franzosen-Akzent direkt Kandidatin zwei, also mich: »Kandidatin zwei, was wäre das perfekte Etablissement für ein erstes Date mit mir?«

Ich überlegte fieberhaft, was ich Bescheuertes sagen könnte! Er dürfte mich auf keinen Fall auswählen, dann würde er nie erfahren, dass hinter der Wand das voll behaarte Mädchen aus seiner Vergangenheit saß. Ich dagegen könnte mich weiterhin mit dem Wissen trösten, dass der Jean-Baptiste von heute – zumindest laut Facebook – ein dickbäuchiger Glatzkopf geworden war. Also sagte ich:

»Das perfekte Etablissement für ein erstes Date mit dir wäre ein … Enthaarungsstudio!«

Die Affen im Publikum flippten förmlich aus und begannen, wie eine wilde Horde über die Sitze zu springen. Jean-Baptiste und Rudi Carrell lachten, und Jean-Baptiste antwortete: »Nischt nur diese Show ist lüstisch – DU bist lüstisch!«

O mein Gott, Hilfe, Hilfe, Hilfe! Die Situation drohte zu eskalieren, mein Plan schien nicht aufzugehen, und die beiden anderen Kandidatinnen schienen auch nicht very amused zu sein über die Aufmerksamkeit, die ich von allen Seiten bekam.

Ich flüsterte der Kandidatin, die rechts von mir saß, verschwörerisch zu: »Glauben Sie mir, ich möchte ihn ganz sicher nicht haben! Er gehört quasi schon Ihnen!«

Es brachte nichts, sie schwieg eisern. Außerdem hatte Jean-Baptiste offenbar schon genug gehört, um sich zu entscheiden, denn aus dem Lautsprecher kam Susis Stimme: »So, lieber Jean-Baptiste, jetzt musst du dich entscheiden!«

Als Jean-Baptiste aus Villebon-sur-Yvette sich für Kandidatin zwei entschied, knallte ich vom Hocker …

Kurz darauf streckte sich mir eine rettende Hand entgegen. Wie eine Ertrinkende griff ich nach ihr und ließ mich hochziehen. Doch die fremde Hand legte sich wie eine Kralle um meine und ließ mich nicht mehr los. Ich fühlte, wie mir ein Ring über den Finger geschoben wurde. »Luigi, lass mich los!«, rief ich in Panik.

»Wieso Luigi? I bin's, der Pfarrer Fromm. Und i erklär Sie jetzt zu Mann und Frau! Sie dürfen den Frosch jetzt küssen!« Da stand tatsächlich der fette Pope. Ich begann, so wild um mich zu schlagen, dass ich das Gleichgewicht verlor und stürzte …

Ich schlug die Augen auf.

Da sah ich Otto, wie er sich über mich beugte und rief: »Miiiimi! Wach auf! Du bist aus dem Bett gefallen!«
Ich öffnete die Augen und stammelte: »Nein, bitte nicht! Ich möchte nicht … ich möchte nicht … die Auserwählte sein!« Ich wälzte mich immer noch albtraumhaft hin und her, und Otto gab mir einen Klaps auf die Wange: »Du bist aber meine Auserwählte, und jetzt wwwwach auuuuuf, du musst wieder ins Bett kommen, Liebste.«
Ich riss die Augen noch ein Stück weiter auf, blinzelte kurz und flüsterte: »OTTO??«
Er antwortete: »Ja, immer noch Otto. Oder hast du einen anderen erwartet?« Ich war immer noch benommen und besorgt: »Habe ich Haare?«
Otto lachte. »Haare? Meinst du, auf dem Kopf? Ja, da hast du Haare.«

»Und weiter unten?«

»Kommt drauf an, von wie weit unten wir reden …«, konstatierte er.

Langsam kam ich wieder zu mir und rappelte mich auf. An meinen Beinen war kein einziges Haar mehr vorzufinden, und ich war nicht im *Herzblatt*-Studio und auch nicht dem blöden Franzosen ausgeliefert. Ich war überhaupt niemandem mehr ausgeliefert, sondern war kurz davor, den Gang zum Traualtar zu machen: dem »man of my dreams« und einer tollen Zukunft mit ihm entgegenzulaufen.

Der Spuk meiner Vergangenheit konnte mir nichts mehr anhaben!

Ich umarmte Otto fest und sagte: »Ich habe genau dich erwartet! Keinen anderen!« Und kroch wieder ins Bett. Ich schmiegte mich an meinen Zukünftigen und murmelte: »Eigentlich muss ich mit dir mal nach Frankreich fahren, da gibt's so einen Ort, Villebon-sur-Yvette …«, und weg war ich.

HEX-HEX

Je näher der Hochzeitstermin rückte, desto wilder wurden meine Träume. Und Pfaffe Fürchtegott Fromm hatte überall die Hauptrolle. In allen möglichen Verkleidungen schlich er sich in meine Nachtfantasien: Er lauerte mir auf, überlistete mich, grinste hämisch. Völlig gerädert von diesen lutherischen Albträumen, saß ich eines Morgens beim Frühstück und eröffnete Otto: »Unter gar keinen Umständen traut der Fromm uns! Es muss eine andere Lösung her!«

Otto schaute mich an, als hätte ich nicht mehr nur ein Schräubchen, sondern den ganzen Werkzeugkasten locker, und entgegnete, um Fassung bemüht: »Liebste, wir heiraten in zwei Wochen. Wie stellst du dir das vor? Sollen wir uns vom Heiligen Geist trauen lassen?«

Natürlich wusste ich auch nicht, woher wir so schnell jemand anderes nehmen sollten. Dennoch beharrte ich auf meinem Standpunkt.

»Mein Uterus verkrampft sich, wenn ich bloß an ihn denke! Wir hätten den von Anfang an nicht akzeptieren sollen! Und jetzt haben wir den Salat!«

»Wir haben nicht nur den Salat, wir haben vor allem einen Hochzeitstermin. Und ohne Pfarrer keine Hochzeit!«

»Aber Otto, er provoziert mich! Und jetzt stell dir mal vor, der Chauvi fängt in der Traurede doch mit Adam und Eva und der Rippe an! Dann trete ich aus meinem Körper aus und … ich haue ihm eine rein!«

Otto grinste und nickte. »In der Tat hätten wir dann ein kleines Problem, mein Schatz!«

Ich kam so richtig in Fahrt: »Und so, wie der drauf ist, würde er mir eine zurückklatschen, und dann würde ich mich auf meiner eigenen Hochzeit mit dem Pfarrer prügeln! Das kannst du doch unmöglich wollen, Liebster! Das ist doch unser Tag der Liebe! Wie würde das überhaupt aussehen?!«

Otto grinste jetzt noch breiter und antwortete: »Das würde aussehen wie ganz großes Kino, mein Schatz!«

Ich spürte, dass ich weder auf Verständnis noch Unterstützung von Otto hoffen konnte. Er wollte das Thema am liebsten endgültig abhaken. Als Realist war ihm klar, dass man zwei Wochen vor der Hochzeit keinen neuen Pfarrer aus dem Ärmel schütteln konnte. Erschwerend kam hinzu, dass das Datum unserer Hochzeit heiß begehrt war und die normalen Pfarrer weggegangen waren wie warme Semmeln.

Ich seufzte und schaute ihn, den Kopf zur Seite gelegt, an. »Liiiiiebster, aber du bist doch der Lösungs-Otto. Du sagst doch selbst immer: ›Es gibt keine Probleme, das sind lediglich interessante Aufgaben. Und jede Aufgabe lässt sich lösen.‹ Ist doch dein Spruch, oder?«

»Das stimmt, meine Mimi, das ist mein Spruch. Trotzdem bleibt's bei Pfarrer Fromm, und er wird das super machen mit unserer Trauung!«

Ich grummelte, schaute Otto mürrisch an, und er legte nach: »Aber wenn du unbedingt einen anderen Pfarrer willst, dann musst du ihn dir halt herzaubern. Wenn ich der Lösungs-Otto bin, dann bist du die Zauber-Mimi!«

Damit stand er auf, küsste mich auf die Stirn und begann, den Tisch abzuräumen. Ich stand auch auf und half, die Teller zusammenzustellen – so geräuschvoll wie ein Poltergeist. Dabei murmelte ich vor mich hin: »Na gut, wenn es nicht anders geht, dann eben Bibi-Blocksberg-mäßig! Eene, meene, meck, der Fürchtegott muss weg, Hexhex!«

Ich fühlte sicher, dass der Fromm nicht der Richtige für uns war. Nicht umsonst hatten uns Otto senior und seine Lisbeth aus dem Himmel und in Gestalt von Margot Hilft eine eindeutige Nachricht geschickt!

Im vollen Zauberrausch erinnerte ich mich an eine Folge »Bibi Blocksberg«, die »Die Schlossgespenster« hieß, und an den lustigen Pater Flannerhan. Früher war ich, wie fast alle Mädchen meines Alters, ein absoluter »Bibi Blocksberg«-Fan gewesen. Geblieben ist mir aus dieser Zeit die heimliche Überzeugung, ich sei auch eine Art moderne Hexe.

Schließlich hatte ich mir ja auch Otto herbeigehext, und deswegen hörte mein Hex-hex-Gemurmel auch die nächsten Tage nicht auf.

Ich wollte einen Pater Flannerhan und nicht den Fürchtegott. Zur Unterstützung holte ich mir die echte kleine Hexe Bibi ins Ohr, lief den ganzen Tag hüpfend und singend durchs Haus und hörte mir auf meinem alten Walkman meine »Bibi Blockberg«-Kassetten aus meiner Kindheit an ...

»Bibi Blocksberg, die kleine Hexe, kann so manches, wovon ihr träumt, und sie wird euch immer helfen, denn sie ist euer bester Freund«, dröhnte es aus dem Walkman.

Ich war on fire wie eine Hexe an Walpurgisnacht! Mit Bibi an meiner Seite und meinen eigenen Zauberkräften müsste ich doch dem Pfarrer ein paar kleine Steine in den Weg legen können. Nichts Schlimmes selbstverständlich, nur eine kleine Verhinderung! Wo wir dann aber einen Ersatz herbekämen, daran wollte ich natürlich keine großen Gedanken verschwenden …

Otto betrachtete meine Tanzerei und Murmelei mit einem schiefen Lächeln und wusste nicht so recht, ob er mich einweisen oder einfach machen lassen sollte. Am Ende ließ er sich jedoch sogar dazu hinreißen, eine Folge »Bibi Blocksberg« mit mir zu hören, der Gute!

Zwei Tage vor unserem großen Tag lagen wir mit ausgestreckten Beinen auf unserem zukünftigen Ehebett, schlürften genüsslich unseren Gute-Nacht-Tee und hörten Bibi beim Zaubern zu. Da klingelte plötzlich Ottos Handy.

Auf seinem Display blinkte der Name FÜRCHTEGOTT FROMM so hysterisch auf wie eine kaputte Leuchtreklame in Las Vegas. »Was will der denn um diese Zeit?!«, wollte ich wissen.

Otto ging ran, und der Pfaffe fing sogleich an, laut und schnell Wortfetzen abzusondern, als hätte er ein Radio verschluckt. Ich deutete Otto an, er solle auf Lautsprecher stellen, und hörte den Pfaffen sagen: »Wissen S', Herr Steiner, leider Gottes ist des ein Nierenstein, ham S' des schon mal g'habt, beim Wasserlassen, können S' mir glauben, brennt des wie ein Waldbrand im … Sie wissen schon, Sie ahnen, wo, und ich muss umgehend ins Krankenhaus! Ja, so is des! Es tut mir leid, Herr Steiner, des is mir noch nie passiert, aber ich kann Sie ja mit dem Nierenstein net trauen.«

Otto drehte den Kopf ganz langsam zu mir um und bekam riesige Augen. Dann schüttelte er wieder wie in Zeitlupe den Kopf und antwortete dem Pfaffen: »Nein, nein, uns tut das leid für SIE!«, Otto schaute mich strafend an, »bitte haben Sie kein schlechtes Gewissen und werden Sie jetzt erst mal gesund! Wir hätten uns natürlich sehr auf Sie gefreut, Herr Fromm. Vor allem meine Frau wird U-N-T-R-Ö-S-T-L-I-C-H sein!«

Obwohl ich dem Fürchtegott natürlich keine Schmerzen gewünscht hatte, war ich hellauf begeistert, dass er nun verhindert war. Wie ein wild gewordener Feger hüpfte ich auf dem Bett herum: »DANKE, BIBI!«

Otto fand es nur mittellustig und fragte mich, ob ich eigentlich noch bei Verstand sei und wo er jetzt einen Pfarrer herbekommen solle. »Du hast ihm einen NIERENSTEIN gehext?! Spinnst du?«

»Also streng genommen wollte ich ihm nur ein paar Steine in den Weg legen, konnte ja nicht wissen, dass das Universum Nierensteine daraus macht. Dafür kann ich nichts, Otto. Wirklich nicht!« Ich konnte mein grenzdebiles Grinsen nicht unterdrücken, nahm Ottos Gesicht in meine Hände und sagte beschwörend: »Du bist doch der Lösungs-Otto! Und wir stehen nun eindeutig vor einer interessanten Aufgabe! Oder nicht?«

Otto kam aus dem Kopfschütteln gar nicht mehr raus und murmelte: »Ich heirate Mimi Blocksberg! Mann, Mann, Mann ...!«

Aber Otto wäre nicht Otto, wenn er nicht wirklich im Handumdrehen eine Lösung parat gehabt hätte. Er telefonierte sich durch seine Verwandtschaft und landete schließlich bei seinem Schwager, einem pensionierten Pfarrer. Doch der wollte partout keine Trauungen mehr machen: »Ich hab genug getraut!«, lehnte er dankend ab. Er wolle wirklich nur Gast auf unserer Hochzeit sein. Stur erklärte er, er könne bei aller Liebe keine Ausnahme für uns machen. Nicht mal seine Enkel würde er trauen. Es brauchte Ottos ganze Überzeugungskraft und die ganze Geschichte vom Pfarrer Fromm, um ihn umzustimmen. Doch erst der Nierenstein konnte ihn irgendwie überzeugen ...

So kam es also zu der glücklichen Fügung, dass nicht der dicke Pfarrer Fromm, sondern der wendige und lustige Pfarrer Süßmann uns traute. Soooo süß. Zuckersüß. Und null chauvinistisch.

»Bibi Blocksberg, die kleine Hexe, kann so manches, wovon ihr träumt, und sie wird euch immer helfen, denn sie ist euer bester Freund!« Hach, Bibi!

MANOLO FOREVER

Ich stand vor dem großen vergilbten Spiegel im Brautzimmer des Schlosses und betrachtete mich. Es war ein herrlicher Sommertag, und ich genoss die Stille vor dem Sturm. Meine Freundinnen und meine Schwester waren noch nicht eingetrudelt. So konnte ich diesen stillen Moment nutzen, um meine letzten aufregenden Monate mit Otto noch mal Revue passieren zu lassen. Meine kleine Schwester war seit meiner letzten Hochzeit vor zwanzig Jahren zu einer wundervollen Frau herangereift, immer noch mit eigensinnigem Stil und viel Humor, und meine Freundinnen Nina und Stella waren auch noch an meiner Seite.

Nur mit Unterwäsche bekleidet, drehte ich mich vor dem Spiegel hin und her und lächelte. Wie sehr sich alles verändert hatte! Rein äußerlich war ich die Gleiche geblieben, aber innerlich war ich viel weniger streng mit mir. Anstatt eine Diät vor der Hochzeit zu machen, damit ich ja möglichst schlank wäre, hatte ich den Abend vorher ein riesiges Schokoeis mit Otto im Bett gegessen und mit den Bechern auf unsere zukünftige Ehe angestoßen. Wir hatten eine Menge Spaß und fühlten uns beide leicht und frei.

Bei meiner ersten Hochzeit war ich, aus Gründen, keine so entspannte Braut. Selbst der Abend vor der Hochzeit war angespannt gewesen, weil die Gastgeschenke nur halbfertig geliefert worden waren und ich sie daher selbst noch bis tief in die Nacht hatte verpacken müssen.

Ich erinnere mich noch genau daran, wie meine Gedanken Karussell fuhren und ich mich fragte, ob ich auch wirklich das Richtige tat. Heute denke ich, dass es Schwule Auge genauso gegangen sein muss und wir uns viel erspart hätten, wenn wir uns einfach getraut hätten, es auszusprechen. Ich erinnerte mich beim Blick in diesen vergilbten Spiegel, dass ich meinem Mini-Me versprochen hatte, dass wir beide glücklich würden. Mein Mini-Me, mein Ich aus der Vergangenheit, war mir nämlich auf einer New-York-Reise mit meinen Freundinnen erschienen, als ich vor lauter Erschöpfung vor einem Hauseingang eingeschlafen war. Plötzlich hatte ich mir selbst als Teenager gegenübergestanden: unschuldig, süß und mit viel zu viel Glitzer auf den Wangen. Und weil sie gerade Liebeskummer hatte, hatte ich ihr versprochen, sie würde mal auf einem Schloss heiraten und sehr glücklich werden …

Seitdem begegneten wir uns in wichtigen Situationen des Lebens immer wieder – so wie jetzt.

»Suchst du die hier?«, hörte ich eine mir sehr vertraute Stimme sagen. Ich erschrak und griff panisch zum Seidenkimono, in dem ich geschminkt werden sollte. Mein Alter Ego, die 16-jährige Mimi, stand vor mir.

Sie stand vor mir und hielt ein Paar blaue Hangisis von Manolo in der Hand. Offensichtlich hatte sie noch nie eine 43-Jährige in Brautwäsche gesehen, denn sie starrte mich ungläubig an. Ich zog beschämt den Kimono über, obwohl es für Scham eigentlich gar keinen Grund gab. Sie war ja ich, und ich war sie. Aber sie ließ ihren Blick nicht ab von mir und fing an zu quasseln: »Die standen vor der Tür. Ich hab auch so welche. Du hast mir die geschenkt! Weißt du noch? Ich tanze mit denen immer zu ›Like a Prayer‹ von Madonna. Ich kann das ganze Video auswendig! Kennst du

Madonna? Ach so, der war auch noch dabei!« Mein Mini-Me reichte mir die Manolos sowie einen schönen hellblauen Umschlag.

Ich nahm die blauen Manolos entgegen, setzte mich auf den schweren Sessel aus anno dazumal und öffnete den Umschlag. Darin steckte eine Karte im gleichen Hellblau mit folgender Aufschrift: »Something old, something new, something borrowed, something blue.«

Ich öffnete die Karte vorsichtig. Ottos unverkennbare Schrift in blauer Tinte leuchtete mir mit jedem Buchstaben entgegen:

»Liebste,

das Alte bekommst Du später von Deiner Mutter und das Neue von Nina, fürs Blau habe ich gesorgt. Steck Deine wundervollen Füße einfach hinein, während Du geschminkt wirst – und wenn Du Dich an diesen Moment erinnerst, wirst Du immer wissen, dass der Himmel über uns gestrahlt hat an diesem Tag. Und schau später auf die Sohlen Deiner Brautschuhe …

Ich liebe Dich über alles und bin so stolz darauf, Dein Ehemann werden zu dürfen. Bis gleich vor dem Altar.

Dein Otto«

Mir liefen die Tränen, und mein Mini-Me fragte besorgt: »Bist du nicht richtig happy, dass du wie eine Prinzessin heiratest?«

Ich schniefte: »Das bin ich! Sehr. Ich weine vor Glück, kleine Mimi, die Karte ist von Otto, und den heirate ich heute.«

»Cooler Name«, antwortete sie und begann, im Brautzimmer herumzulaufen, »hat auch vier Buchstaben, so wie unserer.«

Während ich meine wunderschönen Hangisis anzog und meinen Seidenkimono enger schnürte, kam mein Mini-Me aus dem Staunen gar nicht mehr raus. Im Zimmer waren Schminktische für mich und meine Freundinnen aufgestellt, auf denen Petits Fours und Sektgläser standen.

Der ganze Raum war wundervoll mit Blumenbouquets dekoriert. Gleich würden alle eintrudeln … Mich überkam eine Welle der Liebe und der Melancholie, wie immer, wenn ich mich von meinem Mini-Me verabschieden musste. Die kleine Mimi stand am großen Fenster und schaute auf den kleinen Fluss, der am Schloss entlanglief.

»Das ist so schön hier, und ich finde dich richtig hübsch«, sagte sie, als sie sich wieder zu mir umdrehte.

»Danke, meine Kleine«, antwortete ich. »Hab dir ja versprochen, dass du dein Schloss kriegst.«

Sie grinste: »Bist du aufgeregt? Ich wäre superkrass aufgeregt, wenn ich heiraten würde.« Jetzt musste auch ich grinsen. Sie verstand immer noch nicht ganz, dass wir eins waren.

Ich fing an zu plappern. »Beim ersten Mal war ich superaufgeregt, aber dieses Mal ist alles ganz …«

Mein Mini-Me runzelte die Augenbrauen, und ich hielt die Luft an. Mist! Mist! Mist! Ich hatte ihr die erste Hochzeit doch verschweigen wollen, und jetzt war sie mir einfach rausgerutscht. Dieses mittelgroße Desaster, das Wahrheitstourette meines Vaters, meine jaulende Mutter, meinen Turm auf dem Kopf, den kaputten Reißverschluss … Einfach alles hatte ich ihr verschweigen wollen.

Sie glotzte mich an und fragte: »Was meinst du mit dem ersten Mal? Hast du das hier schon mal gemacht?«

Ich verzog den Mund und fing aus Verlegenheit an, Grimassen zu ziehen, weil ich nicht wusste, wie ich aus dieser Nummer wieder rauskommen sollte ...

Also holte ich tief Luft und sagte: »Ja. Habe ich.«

»Hä?«, fragte mein Mini-Me verdutzt. »Auch hier? Mit dem Gleichen? Darf man das denn?«

Ich seufzte. Der Moment der Wahrheit war gekommen, und ich hatte keinen blassen Schimmer, wie ich den Karren jetzt aus dem Dreck bekommen sollte, ohne dass mein Mini-Me verstört in meine Vergangenheit und ihr Leben zurückging. Diesen Blick auf ihre Zukunft hätte ich ihr einfach gerne erspart.

»Also, ähm ... nein, ich habe nicht den Gleichen geheiratet.«

»Dann hast du einen anderen geheiratet«, konstatierte mein Mini-Me nüchtern.

»Ja, habe ich.«

»Und? Wie hieß er?«, fragte sie mich neugierig.

»Oje, also, er hieß ... er hieß ... er hieß Harald.«

»HARALD?«, sie lachte laut auf. »Du hast einen Jungen geheiratet, der HARALD hieß?« Sie fand das offenbar urkomisch und bekam sich gar nicht mehr ein.

»Na ja, streng genommen war er kein Junge mehr, und er sah supergut aus«, versuchte ich, mich zu verteidigen.

»Und wo hast du geheiratet?«, bohrte die kleine Mimi weiter.

Ich hatte überhaupt keine Lust, ihr weitere Details meiner Hochzeit mit Harald preiszugeben, und wiegelte ab: »Ach, ist doch echt egal, oder? Jetzt sind wir ja hier, und alles ist supi, oder?«

Mein Mini-Me wäre nicht ich, wenn sie sich damit hätte abspeisen lassen, und bohrte tiefer: »Ähm, aber was ich jetzt echt nicht verstehe: Darf man das denn, also zwei Ehemänner haben? Und wo ist denn der Harald, kommt der heute auch, und was haben denn Mama und Papa dazu gesagt?«

Ich stöhnte.

»Nee, also Harald ist heute nicht hier. Der ist jetzt mit Simone zusammen. Und die sieht auch supergut aus. So wie er. Und Mama und Papa finden das super. Dass er jetzt Simone hat und ich Otto.«

»Hm, also er ist mit Simone zusammen, obwohl er dein Ehemann ist, und das finden Mama und Papa echt super??«, fragte mein Mini-Me investigativ.

Jetzt steckte ich so richtig in der Klemme und musste ihr nun also nicht nur die Hochzeit, sondern auch den Rest des Dramas beichten.

»Es ist so, kleine Mimi. Ich habe nicht nur eine Ehe hinter mir, sondern auch eine Scheidung.«

»Wow«, sagte mein Mini-Me darauf. »Ganz schön krass!«

»Na ja, soooo krass war das jetzt nicht, das kann schon mal passieren«, versuchte ich zu beschwichtigen, aber die Kleine war voll im Thema.

»Ich hab mit Mama einen Film gesehen, wo es auch um Scheidung ging. Der hieß ›Der Rosenkrieg‹ oder so, mit Michael Douglas, kennst du den? Der Film war richtig krass, die haben alles kaputt gemacht und waren richtig sauer aufeinander. Mama hat dann gesagt, wenn sie sich vom Papa scheiden ließe, würde sie das genauso machen.«

Ich musste hysterisch lachen, weil ich mich noch genau daran erinnerte, wie meine Mutter und ich diesen Film im Kino gesehen hatten und sie sich richtig reinsteigerte und rumschimpfte, als ginge es um ihre eigene Scheidung. Und wie ich mir damals geschworen hatte, dass ich so was nie erleben würde, wenn ich mal erwachsen wäre. Und jetzt stand ich hier am Tag meiner zweiten Hochzeit mit meinem Mini-Me und musste ihr nicht nur meine erste Ehe, sondern auch die dazugehörige Scheidung gestehen, die sie natürlich viel interessanter fand als Harald.

»Habt ihr auch so viel gestritten und euch angebrüllt?«, sie war ganz interessiert. Und weil ich wusste, dass der Weg für sie schon vorgezeichnet war und sie da leider durchmusste, log ich …

Ich erzählte ihr, dass alles superfriedlich abgelaufen wäre und wir uns halt einfach geirrt hätten. Und dass wir uns null gestritten und danach immer noch richtig gemocht hätten. Und dass einfach jeder das behalten hätte, was ihm vor der Hochzeit gehört hatte. Außer die Hochzeitsfotos, die hätten wir geteilt, weil alles so suuuuperschön aussah und wir uns immer daran erinnern wollten.

»Nach der Scheidung waren wir richtig schick essen, und jeder war happy«, log ich weiter. Wobei das mit dem Essen sogar stimmte. Nur dass ich auf der Rechnung sitzen geblieben war, verschwieg ich. Harald hatte sich einfach auf die Toilette verdünnisiert. Das hatte er wohl von seinen Eltern.

Mehr wollte mein Mini-Me gar nicht hören: »Cool!«, sagte sie schlicht, und das Thema war vom Tisch. Gott sei Dank!

Ich fragte erleichtert, ob sie mal mein Kleid sehen wolle, und sie rief begeistert: »AU-JA!«

Stolz lief ich mit ihr zum Paravent: »Das ist es!«

Sie lächelte übers ganze Gesicht und sagte: »Das ist ja ein Herz am Rücken! Voll schön!«

»Ja, gefällt es dir wirklich?«, hakte ich nach.

Mein Mini-Me nahm meine Hand und sagte: »Ich wünsche mir genau SO ein Kleid, wenn ICH mal heirate. Und du wirst die schönste Braut der Erde sein, schöner als Madonna!«

Ich drückte ihre kleine Hand und antwortete: »Du WIRST in genau DIESEM Kleid heiraten, kleine Mimi. Versprochen! Und du weißt ja, dass ich meine Versprechen halte.«

Ich schaute sie von der Seite an und war froh, dass sie offensichtlich wirklich nicht ganz kapierte, dass ich ihre Vergangenheit und ihre Zukunft war, und deswegen würde sie wahrscheinlich auch völlig unbedarft in die Achtziger zurückgehen, Mixed Tapes aufnehmen, Kassettenhüllen basteln und Rollschuhe fahren, ohne sich jemals wieder einen Gedanken über Hochzeiten und Scheidungen zu machen.

Ich hörte im Treppenhaus das Stimmengemurmel meiner Brautjungfernschaft und beugte mich zu meinem Mini-Me:

»Hör mal, Kleine, und merk dir das bitte gut: Egal, was in deinem Leben passiert, alles wird gut. Du wirst immer eine Lösung finden, und du hast Mama und Papa! Du kannst den beiden immer alles erzählen. Daran musst du immer denken, wenn du mal traurig bist, okay?«

Sie schaute mich mit großen Augen an und sagte: »Okay!«

Dann umarmte sich mich und sagte: »Ich hab dich so lieb, Mimi, weißt du das?«

Ich antwortete: »Ich dich auch, so sehr. So, so sehr.«

Mir liefen schon wieder Tränen über die Wangen, während mein Mini-Me vor meinen Augen verschwand …

Dann flog die Tür auf, und Nina und Stella kamen allen voran ins Brautzimmer gerauscht. Ich lächelte beseelt, denn ich wusste ja: Es ist alles gut geworden.

Ich stand als Prinzessin to be in blauen Hangisis und einem Hochzeitskimono in meinem Brautzimmer und würde in wenigen Stunden den Mann heiraten, der jedes Pfund, jede Delle, jedes Fältchen, jede meiner Macken bedingungslos liebte, so wie ich alles an ihm. Und das bis zu unserem Lebensende – das wussten wir beide! Wenn das nicht wundervolle Aussichten waren für meine Zukunft und die meines Mini-Mes!

DREI NÜSSE FÜR DIE PRINZESSIN

Idyllisch am Ufer der Traun gelegen war mein Schloss, einst würdig genug, sogar einen kaiserlichen Gast zu beherbergen. Die Hochzeitsglocken läuteten, als ich vor das nahe gelegene Kloster vorfuhr, in dem Otto und unsere Hochzeitsgesellschaft auf mich warteten.

Die Zeit schien für einen Moment stillzustehen. Hier war er nun, der Tag, auf den ich so lange gewartet hatte, schon seit ich ein kleines Mädchen war. Mein Traum, für den ich Chaos, Pannen und Herzschmerz überstanden hatte, ging endlich in Erfüllung. Plötzlich schienen all diese Jahre vor meinem inneren Auge vorbeizurasen. Die schönen Momente, die unschönen, die euphorischen, die schmerzhaften. Es war wie ein Film, der in einem kleinen kroatischen Dorf begann und hier, vor den Toren eines Schlosses, endete. Um mich herum die Glückwünsche und Jubelrufe meiner Lieben, meiner Freunde, meiner Herzensmenschen. Vor mir, am anderen Ende des Kirchenschiffes, Otto. Mein Otto, mein Traummann, auf den ich so lange hatte warten müssen.

Ich erwachte aus meinen Gedanken, als eine kleine Hand nach meiner griff. Es war mein Neffe, der Sohn meiner kleinen Schwester – die mittlerweile natürlich nicht mehr klein, sondern erwachsen war –, der mich zum Altar führen sollte. Dass mich bei meiner zweiten Hochzeit nicht mein Vater zum Traualtar brachte, lag ganz einfach daran, dass er dieses Mal zwar keinen Läppisch-Anfall befürchtete, dafür aber seinem Enkel diesen besonderen Moment schenken wollte.

Und weil ich dieses Mal auch keine »grooooose Scheiiiise« machte, so wie vor zwanzig Jahren, war er vollkommen beruhigt und gelassen und sah sich mich mit stolzerfüllter Brust an. Als ich Aime gefragt hatte, ob er anstelle meines Vaters diese große Aufgabe übernehmen wollte, hatte der kleine Mann ganz ernst genickt und »Ja, ich will« gesagt.

Jetzt hatte er allen Mut zusammengenommen und sah in seinem Anzug selbst aus wie ein kleiner Bräutigam, was das Ganze umso rührender machte. Ich holte tief Luft, ergriff sein Händchen und lächelte ihm liebevoll zu. Als Aime noch klein war, war mein Leben ein anderes gewesen. Geprägt von Fröschen, Pleiten, Kapriolen und Sätzen wie »Was du immer träumst!« und »Du musst mal in der Realität ankommen!«. Ich dachte mir immer »Ich muss gar nichts!«, denn wie durch ein Wunder hatte ich sogar in den schlimmsten Phasen meines Lebens das Gefühl, dass auch ich mich mit dem richtigen Prinzen von einem Aschenputtel in eine Prinzessin verwandeln könnte. Nun war mein Liebster kein gewöhnlicher Prinz, er war mein König. Sogar das Wetter war an diesem Tag für Könige. Die Sonne lachte, und die Hochzeitsgesellschaft strahlte vor Farben und Fröhlichkeit. Und ich mittendrin, mit meinem schlichten, aber graziösen Kleid, das mit seinem Herz am Rücken aus der Menge herausstach.

Die weiblichen Hochzeitsgäste hatten meinen Wunsch nach Kopfbedeckung mit viel Fantasie umgesetzt: Elegante

Faszinatoren und Hüte schmückten ihre frisierten Köpfe, so wie es eben bei ordentlichen Prinzessinnenhochzeiten auf einem Schloss sein sollte!

Stolz wie ein Pfau führte mein Neffe mich nun die Stufen zur Kirche empor, wo er mich an Ottos jüngeren Sohn übergab. Dieser hatte sich in seinen besten Anzug geworfen und sah mit seinem Hut aus wie F. Scott Fitzgeralds Gatsby. So wie bei unserem ersten Silvester, das wir, genauso wie diesen Tag, niemals vergessen werden. Feierlich schritten wir nun auf den Altar zu. Die mit Renaissancefresken ausgemalte Kirche um uns herum wie ein Gemälde. Vom Hochaltar lächelte mir die kleine Figur der Madonna mit Jesuskind entgegen, so als wollte sie liebevoll sagen, dass ich von nun an für immer auf dem richtigen Weg war. »Lasset die Kinder zu mir kommen«, hatte Jesus gesagt, nun hatte ich sechs davon!

Durch die Glasfenster strahlte die Sonne, brach sich am goldenen Bankschmuck und tauchte das Kircheninnere in warmes Licht. Ein Meer von gefiederten Hüten und bunten Kleidern malte die perfekte Kulisse für den kroatischen Männerchor, der nun mit meinem dalmatinischen Lieblingslied einsetzte. Zum ersten Mal hatten wir diesen Chor in den Straßen meiner Heimatstadt Split gehört. Als ich Otto sehnsüchtig davon erzählte, wie viel Leidenschaft und Gefühle diese Musik in mir auslöste, hatte er sofort verstanden. Und während ich uns ein Eis holte, engagierte er kurzerhand den Chor.

Da standen sie nun, in Landestracht mit Weste und Schärpe, und sangen andächtig mein Lieblingslied: »Cesarica«, die Kaiserin.

»Die goldenen Fäden der Sommerdämmerung sind in ihrem Schloss angekommen, um meine Liebe in ihr zu erwecken. Möge nun das Licht ihr Gesicht küssen, das so schön ist wie das einer Kaiserin.«

Ich ließ meinen Blick über die Menge der liebevollen und mir zugewandten Gesichter schweifen. Stella formte mit Daumen und Zeigefingern ein Herz, und Nina tupfte sich mit einem Taschentuch die Tränen aus dem Gesicht. Dann sah ich zu meiner Mutter. Ihre Stimme hallte noch einmal kurz in mir nach: »Ach duuu, träumst du ma schon wide!«
Ich musste schmunzeln: Natürlich weinte sie. Aber anders als bei meiner ersten Hochzeit kullerten ihr die Tränen still über die Wangen. Es war berührend, sie alle dort sitzen zu sehen: meine Mutter, meinen Vater und meine Schwester, die mir komplizenhaft zunickte, bevor mich Luis an meinen geliebten Zukünftigen, an Otto, übergab.

Mein wundervoller Otto, dachte ich, meine Seelenliebe. Jeder Schritt bis zu dir hat sich gelohnt, auch die, die mir wehtaten und an denen ich verzweifelt bin. Aber daran, dass du kommst, habe ich nie gezweifelt. Als unsere Blicke sich trafen, strahlte Otto über das ganze Gesicht. Auch er war elegant gekleidet und sah aus, als wäre er einem Hollywood-Klassiker entsprungen.

Unsere Aufregung war plötzlich wie weggeblasen. Ich hatte das Gefühl, dass meine Füße den Boden verließen und ich den Weg zu Otto nur noch heraufschwebte.

Von Liebe beflügelt, trat ich an den Altar. Die Gesichter unserer Gäste waren voller Liebe. *Wir* waren es sowieso.

Ab da war alles wie in einem dieser Liebesfilme, die mit Happy End natürlich. Die, wo erst mal das blanke Chaos herrscht, bevor sich zum Showdown alles zum Guten fügt. Happily ever after.

Unser Kuss besiegelte diese Ehe made in heaven, und für einen kurzen Augenblick hatte ich das Gefühl, dass Lisbeth, Ottos Mutter, und Otto senior, Ottos Vater, rechts und links neben uns saßen und auch sie uns ihren Segen gaben.

Es war vollbracht: Ich war unter der Haube. Und dieses Mal unter der richtigen!

Dann setzten die Kirchenglocken wieder ein. Die Gäste bildeten ein Spalier und ließen Rosenblätter über uns regnen. Überglücklich trat ich mit Otto Hand in Hand aus der Kirche hinaus. Ich spürte die warme Sonne auf der Haut und bekam eine Gänsehaut.

»Danke für alles, liebes Universum«, rief ich in den Himmel, und dann stieg ich mit Otto in den blauen Oldtimer, der auf uns wartete. Die Farbe Blau stand für die blaue Königslibelle, die einst an einem wundersamen Abend in meine Wohnung in der Kronberger Altstadt geflogen war und mein Wunder verkündet hatte. Und das Wunder hieß OTTO. Von der Libelle, diesem Zauberwesen, war eine so positive und starke Energie ausgegangen, dass sie meine künftigen Entscheidungen beeinflusst hatte. Wie eine Art liebevolle Unterstützung, damit ich den richtigen Weg fände. Und tatsächlich schien nun alles in meinem Leben Sinn zu ergeben.

Der Chauffeur ließ den Motor an, und wir brausten los Richtung Zukunft. Und als ich in den Rückspiegel blickte, sah ich, wie ein ganzer Schwarm Libellen hinter unserem Auto herflog und vor Freude Kapriolen schlug, so als wollten sie sagen: Endlich ist die Prinzessin unter der Haube!

Ich lachte laut auf vor Freude, und Otto lachte mit mir. Puh – das war wirklich knapp … aber für ein Happy End ist es eben nie zu spät! Miracles happen to those who believe.

P.S.

… flog durch die stillen Lande, als flöge sie nach Haus.

Kurz bevor Otto in mein Leben gerauscht ist – vielleicht auch erst dann rauschen konnte –, hatte ich beschlossen, eine Vollbremsung einzulegen und alles, wirklich alles, aus meinem Lebensauto rauszuwerfen, was mich daran hinderte zu fahren. Mein Seelen-Coach, Frau Schmutz, hatte mir dabei geholfen, mich zu finden, und mir zwei Fragen mit auf meinen Weg gegeben.

»Frau Fiedler, merken Sie sich diese beiden Fragen! Die erste ist: ›Kann er Sie halten?‹ Die zweite ist: ›Kann er Sie aushalten?‹ Das gilt natürlich auch umgekehrt!«

Ich höre noch heute ihre glockenhelle Stimme, die mir eindringlich verklickerte, dass nur der Mensch, bei dem ich beide Fragen mit JA beantworten könnte, der Mensch sei, zu dem ich JA sagen durfte. Alles andere sei Schrott, versicherte sie mir, und ich glaubte ihr aufs Wort. Beweise dafür hatte ich genug gesammelt.

Beim Gang zum Altar waren meine letzten zwanzig Jahre wie in einem Daumenkino noch einmal vor meinem geistigen Auge abgelaufen. Zwischen der ersten und der zweiten Hochzeit hatte ich wirklich nichts ausgelassen. Ich nehme an, meine Seele wollte in diesem Leben möglichst viel lernen. Und das hat sie wirklich! Eine Menge habe ich gelernt. Das kann ich zu hundert Prozent behaupten!

Und dann … dann kam Otto, und er hielt mich. Und hielt mich aus. So wie ich ihn halten und aushalten konnte. Seit dem ersten Tag unserer Verbindung waren wir vor allem eines: beste Freunde. Er war mein Deckel und ich der Topf. Und wenn der Deckel mal wegen Überhitzung vom Topf flog, ließ er den Topf einfach abkühlen und setzte dann den Deckel wieder drauf. Manchmal tauschten wir die Rollen: Dann war ich der Deckel und er der Topf. Wir konnten miteinander schimpfen wie die Rohrspatzen, aber wir waren einander nie ernsthaft böse.

Unsere große und besondere Freundschaft stand unter dem Stern der Loyalität und Achtsamkeit. Wir wussten von Anbeginn, dass wir die Treue zueinander niemals in Gefahr bringen würden. Zu kostbar und unersetzbar wäre es, das gegenseitige Vertrauen aufs Spiel zu setzen. Mit ihm konnte sich meine Seele endlich beruhigen und erholen. Mit Otto fühlte ich mich wie in einem wunderschönen und heilsamen Kuraufenthalt in den Bergen. Ich war bereit, alles Alte hinter mir zu lassen. All das abzustreifen, was mich daran hinderte und behinderte, frei zu sein. Und als ich endlich die Vergangenheit losließ, fühlte es sich so viel leichter an, als ich es mir je hatte vorstellen können.

Meine Freundinnen und meine Familie staunten nicht schlecht. Ich hatte nämlich mit meiner Träumerei recht behalten und meinen Mr Big wirklich getroffen. Und deswegen kann ich Ihnen guten Gewissens sagen, liebe Leserin:

Egal, wie viele Frösche Sie geküsst haben, und egal, wie viele Hindernisse Ihnen in den Weg gelegt wurden, wenn Sie nicht aufhören, nach Ihrem Mr Big zu suchen, dann werden am Ende nämlich Sie gefunden. Denn es gibt ihn. Genau wie echte Prinzen. Und echte Könige. Und echte Prinzessinnen. Und echte Feen. Und echte Bibis! Und echte Wunder. Und … die echte Liebe.

Es gibt sie! Auch für Sie.

DANKSAGUNG

Danke an meinen Ehemann Otto Steiner für seine großartige, wunderschöne, heilende Liebe und dass er immer ein Ohr für mich hat, egal, wo er sich gerade befindet.

Danke an die wundervollen Leserinnen meiner »Entfaltung«! Mich haben Hunderte von Libellenfotos erreicht. Sie sind da, die kleinen Magierinnen …

Danke an meine »Drei Engel für Mimi«, meine Lektorinnen und meine Redakteurin: Harriet Dreier, Ilka Heinemann und Carolin Schreiber. Ihr seid der Knaller!

Danke an meine zauberhaften Freundinnen, immer wieder: DANKE. Ihr seid die wahren Bibis und Pippis. Ich liebe euch!

Danke an meine Eltern und meine Schwester, danke für eure Verrücktheit und unfassbar großen Herzen. Volim vas!

Danke, Universum, für meine sechs Kinder und Beutekinder – all I ever wished for –, danke für eure LIEBE.

Danke an meine Verflossenen für die Geschichten! Auch ihr habt mir dieses wundervolle Leben beschert.

Danke an das Gut Ising am Chiemsee und dass ich dort, wo Otto und ich unsere Hochzeitsnacht hatten, dieses Buch zu Ende schreiben durfte.

Danke an meine fantastische Weddingplannerin Doreen Winking, mit der ich soooo viel gelacht habe. Du warst mein Fest vor dem Fest! Leider kann ich dich ja nie mehr buchen, denn die Ehe mit Otto ist meine letzte … Obwohl, unsere sechs Wonneproppen werden irgendwann vielleicht auch in den Hafen der Ehe schippern. Mach dich also schon mal bereit. Wir danken dir für alles, liebe Doreen. Unsere Hochzeit war traumhaft.

MIMI FIEDLER

EIGENTLICH WOLLTE ICH MICH SELBST ENTFALTEN

Für ein Happy End ist es nie zu spät

In den Köpfen von uns Frauen sind viel zu viele hirnrissige Idealbilder: Traumkörper, Traumhaut, Traumhaare, Traumprinz. So war das auch beim 40-Something Mimi Fiedler, die immer etwas an sich auszusetzen hatte: zu tiefe Dellen, zu dunkle Ringe, zu dicke Röllchen, viel zu oft verlobt, viel zu oft entlobt. In *Eigentlich wollte ich mich selbst entfalten* erzählt die beliebte Schauspielerin mit viel Witz davon, wie sie ihren Frieden schloss mit ihrem Körper, dem Älterwerden und der Schwerkraft, und wie sie, fast ganz nebenbei, ihr Lebensglück und endlich die große Liebe fand.

»Sich zu entfalten kann man so oder so verstehen! Ich habe auf jeden Fall seit Neuestem eine kleine Lachfalte mehr, und das nur, weil ich Mimis Buch gelesen haben.«
Verona Pooth

MONIKA BITTL

FRAUEN LÜGEN NIE UND WERDEN HÖCHSTENS 39

Downaging für Anfängerinnen

Haben wir die magische Vierzig erst mal überschritten, werden wir richtig cool. Zwar hatten wir uns jünger in Erinnerung – aber auch weniger diplomatisch und pragmatisch. Denn das Schöne am Erreichen der mittleren Jahre ist: Mit der Lebenserfahrung wachsen auch die Lebensklugheit und die Raffinesse, mit der wir die Widrigkeiten des Lebens und unangenehme Zeitgenossen ein wenig austricksen können.

In herrlich unterhaltsamen Alltagsgeschichten erzählt Monika Bittl von Dingen im Leben, die man ab vierzig genießen, und solchen, die man getrost über Bord werfen kann.

Ein witziges Buch über die Vorteile des Älterwerdens – das perfekte Geschenk für die beste Freundin!